pare de tentar
COMECE A FAZER

Julia Kristina

pare de tentar
COMECE A FAZER

Tradução Dinaura Julles

Drive Your Own Darn Bus

Originalmente publicado no Reino Unido e Estados Unidos em 2022 por Watkins, um selo da Watkins Media Limited. Todos os direitos reservados

Texto copyright © Julia Kristina 2022

www.watkinspublishing.com

Tradução para Língua Portuguesa © 2023 Dinaura Julles.

Todos os direitos reservados à Astral Cultural e protegidos pela Lei 9.610, de 19.2.1998.

É proibida a reprodução total ou parcial sem a expressa anuência da editora.

Editora Natália Ortega

Editora de arte Tâmizi Ribeiro

Produção editorial Brendha Rodrigues, Esther Ferreira e Felix Arantes

Preparação Pedro Siqueira   **Revisão** Adriano Barros e Luisa Souza

Capa Nine editorial   **Foto da autora** Arquivo pessoal

Dados Internacionais de Catalogação na Publicação (CIP)

Angélica Ilacqua CRB-8/7057

K98p

Kristina, Julia

Pare de tentar. Comece a fazer. / Julia Kristina ; tradução de Dinaura

M. Julles. — Bauru, SP : Astral Cultural, 2023.

256 p.

ISBN 978-65-5566-327-3

Título original: Drive your darn own bus!

1. Autoajuda I. Título II. Julles, Dinaura M.

23-0601   CDD 158.1

Índice para catálogo sistemático:

1. Autoajuda

BAURU

Avenida Duque de Caxias, 11-70

8º andar

Vila Altinópolis

CEP 17012-151

Telefone: (14) 3879-3877

SÃO PAULO

Rua Major Quedinho, 111

Cj. 1910, 19º andar

Centro Histórico

CEP 01050-904

Telefone: (11) 3048-2900

E-mail: contato@astralcultural.com.br

Sumário

Introdução	7

PARTE UM: Como nossas emoções e nossos pensamentos tomam conta das nossas vidas — 19

1. O problema com as emoções	21
2. Abraçando as suas emoções	31
3. O problema com os pensamentos	43
4. Os pensamentos criam sentimentos, e os sentimentos criam comportamentos	55
5. Autocompaixão	69

PARTE DOIS: Assuma o controle das suas próprias emoções — 75

6. Vergonha e autovalorização	77
7. Ansiedade e estresse	87
8. Desmotivação e estagnação	101
9. Raiva	109
10. Culpa	121
11. Solidão	129

PARTE TRÊS: Assuma o controle dos seus próprios pensamentos — 137

12. "Tenho uma voz crítica na minha mente"	141
13. "Isso é pessoal"	147
14. "Quem sou eu?"	153
15. "Não sou bom o suficiente"	161
16. "Eu sou um fracasso"	173
17. "Serei feliz quando eu..."	179

PARTE QUATRO: Assuma o controle dos seus próprios comportamentos 183

18. Estabeleça limites saudáveis 189

19. Pare de ficar agradando às pessoas 207

20. Bagunçando o sistema 215

21. Como lidar com pessoas difíceis e ter relacionamentos melhores 223

22. Pare de pensar demais 231

23. Autossabotagem e procrastinação 241

Você está pronto para assumir o controle de sua vida? 249

introdução

Eu passo a maior parte dos meus dias lidando com as lutas de outras pessoas. Elas vêm até mim e dizem coisas como: "Preciso parar de ficar paralisado por dúvidas toda vez que estou prestes a começar algo novo", ou: "Quero parar de ficar obcecado com tudo o que sai da minha boca e de me preocupar se alguém entendeu errado o que eu disse", ou: "Quero deitar na cama à noite sem me estressar com todas as pessoas que confiam em mim e com tudo o que preciso fazer por elas para que não fiquem aborrecidas", ou: "Preciso controlar meus pensamentos e parar de ficar ansioso com as coisas ruins que poderiam acontecer!".

Eu escuto com atenção, ajudo-as a reformular a relação com essas lutas e trabalho com elas para encontrar soluções que possam colocar em prática. Parece que sou uma grande amiga, não? Quer dizer, eu sou, mas lidar com questões como essas é o meu trabalho — sou terapeuta com uma carreira bem-sucedida e fundadora da The Shift Society, uma comunidade on-line na qual as pessoas aprendem a cuidar dos seus pensamentos e das suas emoções e a viver de forma autêntica, fazendo o trabalho duro e intencional de curar, crescer e mudar.

Com o passar do tempo, percebi que lutas como essas têm o poder de dominar nossa vida, ou de, no mínimo, nos distrair daquilo que é mais importante para nós. A energia necessária para lidar com essas questões drena nossa capacidade de viver plenamente, de amar com toda a liberdade possível e, por fim, de ter coragem para criar a vida que mais queremos. Essas lutas comuns determinam como nos sentimos, a saúde dos nossos relacionamentos e o nosso desempenho no trabalho todos os dias. Achamos (erroneamente) que se [insira seu problema aqui] fosse resolvido, a vida seria mais fácil e poderíamos finalmente encontrar a felicidade.

Bem, amigo, tenho boas e más notícias.

Vamos encarar as más primeiro. A má notícia é que resolver um problema específico na sua vida não é o segredo para a paz e nem a chave para a felicidade. Afinal, você já fez isso antes, não fez? Finalmente conseguiu fazer com que seu chefe recuasse, com que seu parceiro começasse a contribuir mais, você atingiu a meta, atendeu às necessidades de todos e até já cumpriu tudo na sua lista de tarefas, mas seu estoque de felicidade não aumentou tanto assim, não é mesmo? Odeio dizer isso, mas esse padrão, se não for controlado, continuará pelo resto da sua vida. Você pode se empenhar com todas as forças em controlar tudo no seu ambiente, estar acima de tudo, receber uma promoção rapidamente, conquistar a aprovação dos seus pais ou a validação de todos ao seu redor. Mas mesmo que consiga realizar tudo isso, os mesmos fatores de estresse ocultos e inevitáveis surgirão outra vez. Eu sei, é difícil ouvir isso, mas continue aqui. As boas notícias já vão chegar.

Só porque o fato de atingir seus objetivos, mudar as circunstâncias ou obter aprovação não resolverá todos os seus problemas, isso não significa que eles sejam permanentes ou que haja algo essencialmente errado com você. Eu também lutei e fiquei presa no mesmo buraco durante anos. Achava que deveria haver algum segredo para a felicidade e que eu poderia descobri-lo mudando as pessoas ao meu redor, alcançando todos os meus objetivos, evitando qualquer desafio ou me tornando outra pessoa, exceto eu mesma. Eu lutava contra a ansiedade, estava cheia de dúvidas e sentia como se tivesse faltado à aula em que ensinaram a ser uma pessoa normal. Mas eu não conseguia evitar o fato de estar presa em um ciclo sem fim:

- Eu trabalhava muito — *muito* mesmo —, mas nunca sentia que o que estava fazendo era bom o suficiente e nem que eu era boa o suficiente;
- Eu me estressava com as coisas — principalmente com aquelas a respeito das quais não podia fazer nada —, mas não conseguia parar de remoê-las e de me preocupar o tempo todo;
- Tentava fazer aquilo que achava que as pessoas queriam de mim, para que eu me "encaixasse" e elas gostassem de mim;
- Sempre duvidava das minhas decisões e, não importava o que estivesse em jogo, era inevitável concluir que eu tinha tomado a decisão errada;
- Eu me sentia uma outsider e levava quase tudo para o lado pessoal, inclusive — prepare-se para rir — cachorros latindo para mim. É isso. Se eu passasse perto de um cachorro e, de repente, ele começasse a latir para mim, eu me preocupava que pudesse ter feito alguma coisa para merecer aquilo. Sendo uma terapeuta que ajuda os outros a superar a ansiedade e a dúvida, sim, eu percebo a ironia.

Mas então, em um dia que mudou minha vida, encontrei algo chamado "trabalho de pensamento": o conceito segundo o qual, na maioria das vezes, *não* é a situação, a pessoa ou a conversa o que está causando a sua intensa reação emocional; são os seus pensamentos, as suas crenças, as suas ideias e sua percepção a respeito do que está acontecendo (ou não acontecendo) que levam a uma espiral emocional. Dedique um minuto a assimilar isso. Não é o que está acontecendo, é como você *interpreta* o que está acontecendo que causa a queda livre.

Quando entendi esse conceito, fiquei impressionada. Mergulhei fundo e percebi que estava constantemente vivenciando cada experiência por meio de filtros mentais. Como resultado, passava a vida pensando demais e me estressando demais com quase tudo. Não era à toa que estava convencida de que insultara todos os cães que latiam para mim! Meu entendimento do que acontecia no meu cérebro era completamente equivocado.

Antes de continuar, quero que saiba que lutar com seus pensamentos e suas emoções não faz de você uma pessoa ruim, imperfeita ou esquisita; só faz de você um ser humano. Isso significa que, como a maioria de nós, você não aprendeu como o cérebro humano funciona, nem recebeu as ferramentas *para trabalhar com ele*. Até agora, seu cérebro tem trabalhado inconscientemente contra você, e essa é a causa da sensação de estagnação. De novo. E de novo. E de novo.

Juntos, vamos trabalhar para descobrir o que está acontecendo no nosso cérebro. Vou mostrar como seu cérebro está reprimindo-o, mantendo-o preso em dúvidas, preocupações e medos. Vou revelar o que se pode fazer para sentir a verdadeira paz e alegria, e como entender o que realmente está acontecendo bem lá no fundo e está bloqueando essas sensações. De mãos dadas, começaremos a tratar a raiz da árvore em vez de continuar apenas podando os galhos.

No final deste livro, você estará fazendo o trabalho duro de mudar seus pensamentos, suas crenças, seus hábitos e seus comportamentos inúteis e improdutivos para poder, enfim, aproveitar a vida em todo o seu potencial.

Limpe a sua mente

Quero lhe fazer algumas perguntas. Já deixou de negociar um aumento salarial porque o pensamento de rejeição era tão intenso que você não conseguia pensar nisso por mais de cinco segundos sem querer gritar? Já disse "sim" mesmo quando não queria porque o pensamento de decepcionar outra pessoa fez seu coração naufragar em culpa? Já hesitou em estabelecer um limite muito necessário porque o desastre emocional que imaginou deu um nó no seu estômago e na sua língua? Muitas vezes, somos regidos pelo medo do possível e nos esquecemos de que somos, de fato, responsáveis não apenas pela nossa vida, mas também pela nossa felicidade.

Por sermos humanos, tendemos a *terceirizar* nossa felicidade. Olhamos para nosso parceiro, nosso emprego, para o tamanho da nossa casa ou do nosso salário a fim de determinar nosso nível de satisfação com a vida. E, embora todos esses aspectos tenham uma função, mesmo quando contabilizados, eles nem de longe compõem toda a história.

Quando embarcamos nessa jornada de autodescoberta por conta do amor-próprio, descobrimos que, ao contrário da crença popular, a felicidade não é algo condicional. A verdadeira felicidade tem pouco a ver com o capitalismo, o patriarcado, a condição social, ou com aquilo em que as indústrias de mídia multibilionárias nos levaram a acreditar. Paz, alegria e realização estão ao nosso alcance, e há muito a ser feito.

À medida que for trabalhando com as ideias e os exercícios deste livro (prometo que não vai parecer lição de casa!), você aprenderá estratégias para controlar os seus pensamentos e as suas emoções, gerenciar sua própria felicidade, parar de tentar e começar a fazer. Vamos desempacotar e colocar em uso a ferramenta mais poderosa que possuímos, mas nenhum de nós entende completamente: nosso cérebro. Porque eu até verifiquei, mas meu cérebro não veio com manual, e aposto que o seu também não.

Desperte sua força emocional

Se você quer mudar seu modo de pensar, de sentir e de se expressar da noite para o dia, talvez precise moderar as suas expectativas. Por mais irritante que seja, o processo de mudança requer pequenas modificações e tem várias etapas — uma por vez. À medida que percorrer este livro, você desenvolverá novas habilidades que tomarão forma e se solidificarão e, assim, desenvolverá uma após a outra. Essas habilidades resultarão em algumas grandes transformações que continuarão evoluindo muito depois de você ter lido a última frase.

Acima de tudo, este livro trata de como você se compromete consigo mesmo. Não apenas uma vez, mas todos os dias, e — espero — pelo resto da sua vida. Ao abrir este livro hoje, você já deu o primeiro passo. É uma das coisas mais importantes que pode fazer, porque — e isto pode ser difícil de ler — você é a sua única esperança. Ninguém virá salvá-lo. Ninguém virá consertar você. Ninguém mais pode pavimentar o caminho para a realização dos seus sonhos. Ninguém virá... além de você.

Pense nisso por um segundo. Nenhuma outra pessoa será tão impactada pela sua vida, suas escolhas, suas situações, seus problemas e seus sonhos do que você. Nenhuma outra alma nesta terra pode entender o seu jeito de ser e a sua felicidade como você. Então, se está estagnado, esperando que o seu herói apareça, adivinhe? Ele é você mesmo. Você é o herói da sua própria história. Você é o único que pode intervir na sua vida e mudá-la. Você é quem pode desgrudar-se de si mesmo. Você tem o superpoder de garantir que não está apenas sobrevivendo, mas *prosperando*.

Outras pessoas podem caminhar junto com você — todo mundo precisa de líderes de torcida e de campeões ao longo do caminho. Mas eles não devem andar no seu lugar. E nem podem. Eles têm a própria jornada para percorrer. Isso pode parecer assustador no começo, mas veja desta forma: não é incrível que cada um de nós possa sair e criar a vida que deseja? Do outro lado dessa jornada está a verdadeira alegria e liberdade emocional. Você pode não saber ainda, mas merece viver em um mundo onde se sinta bem sendo exatamente como é. Levei muito tempo para chegar lá, e só quero que você prossiga comigo.

Todos temos uma história

Na adolescência, eu era meio outsider. Tinha amigos, mas nenhuma grande amiga ou um grupo para quem eu pudesse apontar e dizer:

"Essa é a minha turma!". Sentia-me, de alguma forma, diferente da maioria das pessoas; era como se eu não tivesse o gene que me faria uma pessoa "da galera". E tenho certeza de que provavelmente não ajudou o fato de que as conversas com minhas amigas muitas vezes se distanciavam do batom e da moda, analisando, em vez disso, o funcionamento interno dos seres humanos e o que os fazia ser de um jeito ou de outro. Você adivinhou: eu era um pouco nerd de psicologia — mesmo na adolescência. A boa notícia é que essa característica me tornou uma ótima ouvinte, e as pessoas muitas vezes me diziam como se sentiam muito melhor depois de termos conversado. Portanto, eu tinha pelo menos isso.

Minha paixão pela condição humana começou em uma fatídica noite de verão, quando eu tinha catorze anos. Até me lembro do momento exato. Eu estava com uma amiga no banco de trás do carro dos pais dela ouvindo um programa de rádio chamado *Sex, Lies and Audiotape*. Era um daqueles programas em que as pessoas ligavam para fazer perguntas sobre relacionamentos à apresentadora terapeuta. Enquanto a mulher falava com elas sobre dificuldades e dava conselhos, eu sabia que uma versão desse programa era minha vocação. *Havia um trabalho em que era possível ajudar as pessoas a superar os problemas mais difíceis e ainda ser paga para isso?* Fiquei entusiasmada. Alguns anos depois, porém, descobri que nos Estados Unidos, os terapeutas precisavam ter mestrado em psicologia. Lembro com clareza da sensação de vertigem quando soube disso. Convencida de que um diploma de pós-graduação de prestígio não seria uma meta alcançável para mim — as sementes da dúvida já estavam arraigadas na minha psique depois de viver a adolescência à sombra de meus irmãos cobertos de méritos —, abandonei a ideia completamente.

Em vez disso, usei minhas habilidades de escuta para ajudar os outros — como o garoto por quem a eu de dezoito anos estava apaixonada, mas que nunca me amou. Ele *me* chamava para sair para que *nós* pudéssemos conversar por horas porque a namorada dele não o entendia do jeito que eu entendia. Ah, que ingenuidade a minha.

Depois do ensino médio, fui tropeçando no caminho para a graduação, obrigatória na minha família, sem ter em mente um objetivo claro até tentar várias carreiras inesperadas (sou doula pré e pós-natal, caso você esteja no mercado, por falar nisso). Mas eu simplesmente não conseguia me livrar da ideia de ser bem qualificada e preparada para ajudar as pessoas a se entenderem melhor, em um nível profundo e transformador. Assim, em uma segunda noite fatídica, quatro anos depois de me formar na faculdade, uma única conversa transformou minha vida em uma trajetória totalmente nova e nunca mais olhei para trás.

Eu estava no casamento do meu primo, sentada à mesa com a tia e o tio dele. Perguntei-lhes sobre a filha deles, Kim, que eu não via desde que éramos crianças. Kim não estava no casamento, eles me disseram, porque estava fazendo as provas finais do primeiro ano da escola de quiropraxia. Diante dessa notícia, pensei comigo mesma: *espera aí. Se a Kim, chorona e maria vai com as outras, pode ser quiroprática, então por que eu acho que não tenho capacidade de fazer o mestrado e ir atrás do meu sonho de ser terapeuta?* Esse foi o choque de que meu ego precisava, embora eu não soubesse, para acender uma chama debaixo do meu traseiro depois de anos de enrolação. Eu sabia o que tinha que fazer.

Gostaria de poder dizer que esse momento de determinação foi suficiente para pavimentar um caminho tranquilo na minha busca por me tornar uma terapeuta certificada. Mas, infelizmente, os anos fazendo só o mínimo necessário para passar na graduação cobraram seu preço. Eu tinha *um monte* de cursos de atualização para fazer antes mesmo de pensar em me candidatar à pós-graduação. Devo dizer, porém, que minha determinação foi inabalável. Depois de quatro anos de atualizações, exames de admissão e inscrições, as portas da pós-graduação se abriram para mim e finalmente entrei. E pela primeira vez depois de muito tempo (inclusive os dias de doula), onde eu estava e o que estava fazendo pareciam a coisa certa.

Foi na pós-graduação que estudei terapia cognitiva, um conceito revolucionário para mim, segundo o qual nossos pensamentos e nossas crenças criam a nossa experiência como seres humanos. Fiquei muito impressionada. *Impressionadíssima.* Mergulhei de cabeça nessa área. Tive até a oportunidade de participar de um treinamento intensivo com o dr. David Burns, um dos criadores da terapia cognitiva. Para mim, foi como estudar com uma celebridade. Pouco depois, o conceito de *mindfulness* caiu no meu colo. A atenção plena, ou *mindfulness*, ressoou profundamente em mim quando comecei a explorar a ideia de aprender a *estar apenas* com nossos sentimentos e nossas emoções e de permitir um espaço de aceitação para nossos sentimentos, sem fugir deles. E quando a pesquisa da dra. Kristin Neff sobre autocompaixão entrou no meu mundo, ela logo passou a ser uma parte fundamental do meu trabalho. O conceito de nos aceitarmos de forma radical como seres perfeitamente imperfeitos era o eixo central que eu nem sabia que estava procurando, não apenas profissionalmente, mas também na minha vida pessoal. Era como se todo o trabalho que fizera em mim mesma estivesse sendo reforçado e confirmado pelo meu aprendizado para fins profissionais.

E agora, dez anos depois, aqui estou eu — uma terapeuta com o grande privilégio de ajudar a expandir o coração e a mente dos clientes e alunos incríveis com quem trabalho todos os dias. O que nunca foi um trabalho para mim. Tem sido um chamado desde que as palavras de Rhona Raskin no programa de rádio chamaram minha atenção naquela noite fatídica, no banco de trás do sedã dos pais da minha amiga.

Como usar este livro

Dividi este livro em quatro partes que vão se estruturando entre si, assim como você se estruturará à medida que for trabalhando com elas. Na parte um, "Como nossas emoções e nossos pensamentos tomam conta das nossas vidas", você vai cavar fundo e encontrar a fonte dos seus pensamentos e das suas emoções, e também até onde nós, seres humanos, costumamos ir para evitá-los — mesmo que essa resistência esteja na raiz de muitos problemas internos. Você conhecerá o modelo FICRE, que o ajudará a separar seus pensamentos das suas emoções, além de entender melhor como eles estão conectados a cada escolha que você faz.

Você verá também como a vergonha e o cérebro antigo, ou primitivo, muitas vezes trabalham contra você. E ao final dessa parte, saberá como usar o seu cérebro de maneira correta, como uma ferramenta para controlar suas reações emocionais diante de qualquer pessoa ou situação (e você praticará também!).

Na parte dois, "Assuma o controle das suas próprias emoções", você enfrentará algumas das suas emoções mais difíceis com mais profundidade e mergulhará nas minúcias de sua mente em meio a emoções intensas. Vergonha, culpa, estresse, raiva, ansiedade — está na hora de aprender o que essas emoções significam para você e como lidar com elas. (Não se preocupe, vou ensinar como se faz!) Você vai aprender a acessar sua mente racional quando precisar, para que possa responder em vez de reagir — que é a nossa configuração padrão — quando essas emoções poderosas surgirem.

A parte três, "Assuma o controle dos seus próprios pensamentos", aborda os pensamentos fora de controle que causam sentimentos de inutilidade, estresse e desconexão. Você pode estar vivenciando padrões de pensamento destrutivos mesmo sem saber. O cérebro é uma coisa complicada. Aqui, você aprenderá a descobrir a raiz de suas maiores batalhas de autoestima e a criar uma identidade forte e confiante de dentro para fora.

E, por fim, a parte quatro, "Assuma o controle dos seus próprios comportamentos", examina a autossabotagem pela passividade e como parar de agir assim. Você aprenderá a estabelecer limites; parar de agradar às pessoas; dizer "não" de forma clara, mas gentil; e assumir as rédeas da sua própria vida.

Nas quatro partes, você encontrará instruções e sugestões para anotar no seu diário. Não vou dar apenas um sermão sobre como mudar sua vida; você utilizará a máquina mais poderosa para traçar seu próprio roteiro de mudança: o seu cérebro.

Portanto, renove seu compromisso com você mesmo, faça um aquecimento mental, pegue uma caneta e uma xícara de kombucha (ou o que quer que os jovens descolados estejam bebendo hoje em dia) e vamos começar.

parte um

COMO NOSSAS EMOÇÕES E NOSSOS PENSAMENTOS TOMAM CONTA DAS NOSSAS VIDAS

Muito bem, amigo, vamos começar com uma pequena autoavaliação emocional. Você tende a chorar facilmente, rir alto e ficar muito sensível? Você é uma pessoa que processa verbalmente suas emoções? Ou enterra bem fundo os seus sentimentos porque tem medo de ser aberto e honesto consigo mesmo? Você se esconde atrás de uma fachada de "está tudo bem", mesmo quando na verdade não está? Ou é do tipo que demonstra seus sentimentos para que todos os vejam?

Todos nós temos emoções. Nós as temos o dia todo, todos os dias — faz parte de todo esse show de ser humano. Infelizmente, quando nossos sentimentos se tornam intensos ou difíceis, eles podem ser opressivos. Se você for como eu, quando pensa na sua vida, pode perceber que ninguém nunca de fato ensinou o que fazer quando sua ansiedade aumenta ou uma intensa onda de vergonha toma conta de você. Portanto, se nunca aprendemos ou praticamos o modo saudável de lidar com emoções intensas (complexas), como esperam que saibamos o que fazer com elas agora? E não é só com as emoções, certo? Gerenciar nossos pensamentos também pode ser confuso, para dizer o mínimo. É bom que você esteja aqui agora.

Lembra-se daquela vez que você discutiu com o motorista que entrou direto na vaga de estacionamento pela qual você estava visivelmente esperando? Quer dizer, você estava com a seta de seu carro ligada e tudo. E então, horas depois do ocorrido, o confronto ainda estava rodopiando na sua cabeça? Ainda com raiva da audácia dele, mas também com vergonha de sua explosão? Ou daquela noite em que você fez uma piada qualquer sem graça (sem graça *nenhuma*) quando saiu para jantar com amigos, e *não conseguia* parar de pensar na cara e nos olhares deles e no que eles devem ter pensado de você e do seu comentário infeliz? Se você sabe do que estou falando, também sabe que essas espirais de pensamento parecem uma tortura emocional... porque elas são mesmo.

Então, se você é como eu e já caiu nas armadilhas de pensar demais, estressar-se demais e analisar demais, levante a mão. (Aliás, as minhas duas mãos já estão levantadas.)

E adivinhe? Não tem que ser assim.

capítulo um

O PROBLEMA COM AS EMOÇÕES

Dedique um minuto à reflexão e volte no tempo. Pense.

Como as emoções eram tratadas quando você era criança? Os adultos ao seu redor falavam sobre sentimentos ou os sentimentos não eram nem vistos nem ouvidos? Na sua casa, uma grande variedade de sentimentos foi incentivada e acolhida? Ou os sentimentos difíceis eram reprimidos ou criticados?

É possível que você não tenha aprendido como explorar e expressar suas emoções de forma saudável, pois foi só no final do século XX (sim, você leu certo) que os especialistas em educação parental incentivaram os adultos a conversar com as crianças sobre os sentimentos delas. Também é bem possível que a sua experiência esteja no outro extremo do espectro, em que seus modelos emocionais não desapareceram, na verdade, muito pelo contrário. Eles lidavam com as emoções gritando, esbravejando, fofocando ou — o mais sorrateiro — sendo passivo-agressivos. Talvez não fosse nem um nem outro? Talvez fossem todos esses modos acontecendo sob o mesmo teto?

Apesar de eu não me lembrar de as emoções serem desencorajadas de modo explícito em casa enquanto eu crescia, também não me lembro de elas serem discutidas abertamente. Quando você volta no tempo e pensa sobre a educação emocional implícita e explícita que recebeu, é bem provável que tenha sido ensinado a rotular suas emoções como "boas" ou "ruins" de alguma forma. É provável que você tenha sido educado a evitar as "ruins", e, embora as emoções "boas" fossem permitidas, era preciso ter cuidado para não se sentir bem *demais* e correr o risco de se sentir presunçoso ou tolo — o que pertencia à categoria "ruim".

Talvez você não tenha tido apoio quando estava aborrecido ou chorando. Dependendo do seu gênero, ou mesmo da cultura da sua família, chorar poderia significar que estava sendo muito sensível, fraco ou agindo como "um bebê". Talvez os sentimentos intensos fossem permitidos, mas apenas em condições muito seletivas e por um prazo muito específico. Quando os sentimentos humanos naturais são reprimidos, ridicularizados ou mesmo punidos, não deveria ser surpresa o fato de tantos de nós desenvolvermos ideias confusas sobre o que significa ser um ser humano com emoções profundas. Essa não é a primeira vez que me pergunto como passamos por tudo isso e nos tornamos pessoas minimamente funcionais.

Devido a essas mensagens confusas, você, como muitos de nós, pode adotar com naturalidade comportamentos nada saudáveis quando confrontado com emoções difíceis. Vamos fazer um teste. Você já ficou sem falar com seu parceiro porque ele deixou a louça na pia? Foi indelicado com o barista porque ele demorou 35 segundos a mais do que você poderia suportar para fazer a espuma no leite? Ou o seu dia inteiro foi arruinado porque seu chefe, em geral tão agradável, tratou-lhe com rispidez?

Acho que isso já aconteceu com você. Comigo com certeza sim. E tenho certeza de que, depois de qualquer um desses fatos, você analisou demais as suas atitudes e também já se perguntou por que agiu daquela maneira. Isso porque as emoções humanas não são fáceis de entender, principalmente se nunca o ensinaram a entendê-las.

O cérebro antigo

De acordo com as expectativas culturais e sociais, nós, seres humanos, aparentemente devemos ser seres racionais que apenas *às vezes* são emocionais, e não o contrário, sobretudo se quisermos seguir pelo caminho "certo" da vida. E enquanto meu marido, engenheiro analítico, com o lado esquerdo do cérebro pode concordar com essa teoria, meu eu criativo, com o lado direito do cérebro, pode encontrar falhas nela.

Quer as pessoas com prevalência do lado esquerdo do cérebro gostem ou não, muitos de nós gastamos tempo e energia demais pensando em emoções — tanto nas nossas quanto nas dos outros. Ficamos presos nos nossos sentimentos quando as pessoas não correspondem às nossas expectativas. Quando um colega de trabalho nos esnoba, quando o caos da dinâmica familiar vem à tona, ou quando nos perguntamos o que nossos amigos — ou quaisquer outras pessoas — acham de nós, nem sempre é fácil manter a calma. Emoções intensas tornam a vida difícil, mas a verdade é que não precisamos ser consumidos de forma dramática por elas. Elas parecem opressivas e incontroláveis porque *nós permitimos que elas sejam assim*. De fato, a maior parte do nosso comportamento é motivada sobretudo pela nossa necessidade de segurança e, portanto, em última análise, de sobrevivência.

É sério. É (quase) simples assim.

Talvez você já tenha ouvido o termo "cérebro antigo" — também conhecido como cérebro de sobrevivência ou primitivo — e seu impulso de nos salvar dos predadores dos tempos pré-históricos, como tigres-dentes-de-sabre famintos e vulcões mal-humorados, muitas vezes até explosivos. Essa reação super-rápida do nosso cérebro irracional entra em ação antes que nosso cérebro racional tenha a chance de aplicar a razão às nossas circunstâncias. Depois de séculos, esse instinto de luta ou fuga continua fortemente enraizado no nosso sistema fisiológico e é acionado quando percebemos uma ameaça. Trata-se do seguinte: esse instinto entra em ação para evitar a dor e o perigo em potencial, como um fogo que consome tudo ou um javali. Infelizmente para nós, vivendo no século XXI, isso também pode acontecer quando você perde a linha de pensamento ao fazer uma apresentação na sala do conselho. Pode ser complicado e até causar um ou dois momentos de constrangimento, mas não tem nada a ver com seus defeitos e tudo a ver com essa função cerebral normal e antiga.

Essa parte do cérebro humano nem sempre sabe a diferença entre ameaças *reais* e *imaginárias* à sobrevivência. Portanto, nem sempre ele consegue discernir se você está sendo abordado agressivamente por um estranho sinistro ou passando por um corredor inofensivo. E o que é ainda mais complexo: o cérebro antigo nem sempre consegue entender que ser julgado por seus colegas de trabalho por causa de um workshop medíocre não é uma ameaça real à sua existência, não importa o tamanho do seu constrangimento. É verdade, você não pode morrer de vergonha. No entanto, em todas essas situações, independentemente da presença de uma ameaça real, sua resposta ao medo é acionada e resulta em um aumento da frequência cardíaca, da respiração superficial, da visão em túnel, da sudorese e assim por diante.

O papel do ego

Não posso escrever um livro sobre assumir o controle da sua vida sem discutir um dos aspectos mais básicos de cada um de nós: o ego. Aposto que seu estômago revirou só de ler essa palavra. Por quê? Porque quando pensamos na palavra *ego*, muitas vezes imaginamos alguém com ego inflado. Talvez um homem de negócios furioso gritando com um subordinado que cruzou com ele na hora errada ou uma atriz toda-poderosa rindo de um repórter por ele ter obtido informações incorretas sobre ela. Essas imagens não estão erradas, mas são exemplos exagerados da manifestação de um ego descontrolado.

No aspecto mais básico, seu ego é o sentido de quem você é. Durante a infância, quando nossos cérebros são mais esponjosos e ávidos por aprender, são criados nossos pensamentos e nossas opiniões (leia-se: sentido) a respeito de nós mesmos. À medida que aprendemos e crescemos fisicamente, também aprendemos o que precisamos fazer para receber amor e aceitação. Nosso cérebro está em uma missão de entender como ser "bom o suficiente" para atender às nossas necessidades. Cada vez que nos comportamos de certa maneira e somos recompensados com amor, atenção ou mesmo coisas materiais, nosso desejo de continuar esse comportamento se solidifica. Acrescente a isso o fato de que constantemente nos dizem coisas sobre nós mesmos que se entrelaçam à nossa identidade. Por exemplo, se nos dizem que somos curiosos, desobedientes, motivados ou até bobos, é provável que incorporemos isso. Todas essas crenças e comportamentos se entrelaçam, criando um sentido único de nós mesmos — nosso ego. E nós nos apropriamos desse sentido de nós mesmos, como deveríamos! No entanto, às vezes essa propriedade pode se tornar problemática.

O ego é complicado. Quando temos um bom relacionamento com nosso ego (que muitos chamam de tê-lo "sob controle"), é fácil receber feedback e aprender com os outros, porque nada abala esse sentido do eu. Por exemplo, se seu ego for muito dependente da sua incomparável motivação e estiver sob controle, você não terá problemas em integrar novas ferramentas para ajudar na sua motivação se e quando ele der um pequeno mergulho. Se o seu ego não estiver sob controle, você poderá ficar com raiva quando uma pessoa sugerir que você dê uma olhada em uma ferramenta que ela está usando para manter-se motivada. Por quê? Porque sugerir que você pode melhorar em uma área que sente ser parte de quem você é ameaça seu sentido de identidade. Levante a mão se isso já aconteceu com você.

O mesmo acontece aqui.

Estratégias de anulação

Quando nosso cérebro antigo está ativo e nos deparamos com grandes emoções — não importa quais sejam —, nosso instinto natural e primitivo é nos afastarmos da aflição o mais rápido possível. É, isso inclui aquelas pequenas ameaças sorrateiras ao nosso ego. No entanto, como não podemos fugir fisicamente dos sentimentos, muitas vezes optamos por anestesiá-los, evitá-los, reprimi-los, amortecê-los ou dispersá-los de alguma forma, mesmo que apenas temporariamente. É aqui que as coisas começam a ficar um pouco confusas. Vamos rever algumas estratégias comuns de anulação que você pode ter utilizado no passado:

- *Evitar pessoas e coisas*: você já ficou em casa em vez de socializar porque estava preocupado com a ansiedade que poderia sentir se, enquanto estivesse com outras pessoas, cometesse algum tipo de gafe? Ou talvez nem pense em tentar coisas novas, como conhecer o novo estúdio de ioga que todos estão elogiando, porque não quer ser a pessoa esquisita e sem flexibilidade que fica apoiado na parede. Ou talvez permaneça estagnado em uma carreira da qual não gosta porque já se convenceu de que fracassará se tentar qualquer outra coisa;

- *Reprimir*: já ignorou o que você está sentindo para não abalar suas estruturas ou fingir que está tudo ótimo quando na verdade não está?

- *Culpar-se demais*: ficou obcecado em como você é terrível, erra ou falha quando tudo vai mal? Você fica tão ocupado se castigando que não sobra espaço para refletir, com atenção plena, sobre como melhorar da próxima vez;

- *Culpar os outros demais*: a arte de passar tanto tempo focado nos erros dos outros que não sobra espaço para processar o que você está realmente sentindo e por quê;

- *Anestesiar ou amortecer*: uma solução rápida que pode parecer boa na hora, mas faz você se sentir muito pior depois. Corta para você devorando uma caixa inteira de *donuts* depois de terminar um relacionamento, exagerando nas redes sociais depois de uma discussão ou bebendo uma garrafa inteira de vinho para se desestressar em uma noite de sexta. Ou, pior ainda, em uma noite de segunda-feira. Credo!

Os seres humanos aderiram à capacidade de evitar, reprimir, projetar e amortecer nossas emoções com drogas, compras, comida, mídias sociais, fofocas — qualquer coisa para fugir de emoções desconfortáveis o mais rápido possível. Tudo isso pode ser má adaptação, mas é importante notar que não estamos sendo burros ou pouco evoluídos quando adotamos estratégias insalubres como mecanismos de defesa. Utilizamos esses métodos porque eles funcionam de alguma forma, além de ajudarem nosso cérebro a gerenciar emoções difíceis e a encontrar o alívio imediato que ele está procurando.

Todo comportamento tem um objetivo — tudo o que você faz, cada mecanismo de defesa de que faz uso para lidar com as dificuldades da vida — e um motivo. O problema é que o alívio que você sente quando usa esse tipo de estratégia dura pouco. Muitas vezes, ela cria mais problemas para o seu futuro eu; assim, não apenas a raiz da emoção desconfortável não foi resolvida, como também pioramos o problema na tentativa de nos sentirmos melhor. Complicado, hein?

Outro modo com que os humanos tentam compensar emoções difíceis é respondendo a elas. Imagine que suas emoções não resolvidas sejam como água fervendo no fogão. Você tenta manter a tampa sobre ela, e talvez ela vá ferver apenas por algum tempo. Mas, à medida que o calor aumenta, a pressão sobe e as nossas emoções não resolvidas vão ferver. Você já gritou com seu parceiro porque ele esqueceu de tirar o lixo quando poderia apenas tê-lo lembrado? Ou gritou com seus filhos por deixarem a sala toda bagunçada em vez de simplesmente pedir para eles arrumarem tudo? Ou fechou agressivamente alguém no trânsito porque sua paciência com motoristas incompetentes já chegou no limite? Quando você anda por aí com uma fervura constante de emoções não processadas, bastam um ou dois graus para o seu caldeirão emocional ferver e a tampa cair.

Se nunca aprendeu a lidar com suas emoções de forma saudável, o seu padrão será sempre voltar aos instintos mais primitivos e livrar-se das cargas emocionais da maneira mais rápida e fácil, e muitas vezes não da mais produtiva possível. Voltaremos a esse assunto mais adiante, no entanto, antes de seguirmos em frente, tenho um pedido: por favor, não se julgue pelos métodos de lidar com as emoções que está usando, sejam elas uma ou todas as citadas. Você está apenas fazendo o melhor que pode com o que tem neste momento, na falta de saber um jeito melhor.

Continue comigo. Você vai chegar lá.

Sentir e agir

A cultura ocidental costuma valorizar demais a ideia de "sentir-se bem" o tempo todo, o que muitas vezes leva as pessoas a acharem que estão fazendo algo errado quando, na verdade, a vida não é um mar de rosas. No entanto, agora você sabe que provavelmente teve maus exemplos de como classificar e responder de forma adequada a emoções difíceis... além do fato, já mencionado, de que a vida não é de todo um mar de rosas.

Com isso em mente, também não precisamos ter vergonha de pensar que há algo errado em ter emoções pouco felizes e positivas de vez em quando. Portanto, vamos acabar com a vergonha e falar sobre como é normal ser um ser humano com sentimentos humanos — os bons, os ruins e até os feios —, e então vamos para a parte sobre "como separá-los".

Comecemos pelo começo. A jornada rumo ao seu eu emocionalmente inteligente começa com algo que pode parecer contraintuitivo: aprender a *ter* os seus sentimentos. Você não vai "superá-los" ou "controlá-los", porque não pode fazer isso. Em vez disso, você vai *estar com eles*, para que eles possam parar de controlá-lo. Simples assim.

Eu prometo que só essa prática já fará uma enorme diferença na sua vida. Permitir-se experimentar de verdade os seus sentimentos, sem ficar preso ao ciclo de fuga ou reação, vai ajudá-lo a parar a montanha-russa emocional que você está tentando evitar. No próximo capítulo, você aprenderá como fazer isso.

Conclusões

A maioria de nós não sabe como lidar com emoções difíceis porque nunca fomos incentivados a permiti-las.

A maioria dos nossos atos é determinada pelo nosso desejo de encontrar o prazer e evitar a dor ou um possível desconforto.

Todos nós temos estratégias confiáveis que utilizamos para evitar, amortecer ou projetar sentimentos difíceis.

Sugestão para o diário: o que (situações, pessoas, experiências) eu evito porque acredito que não serei capaz de gerenciar as emoções que poderão surgir?

capítulo dois

ABRAÇANDO AS SUAS EMOÇÕES

Pare um momento e pergunte a você mesmo: *E se eu pudesse me sentir seguro de ter qualquer sentimento? E se eu soubesse que, não importa o que aconteça, eu poderia sentir rejeição, tristeza, mágoa ou decepção sem nenhum problema?*

Estou falando sério. E se você pudesse ter *qualquer* sentimento e sentir-se bem depois? Não estou dizendo que seria ótimo, mas, e se você pudesse lidar com qualquer uma das suas emoções? O que mudaria? O que aconteceria se você *soubesse* que poderia lidar com qualquer sentimento desconfortável? O que você faria?

O que são emoções?

Todas as emoções existem por um motivo, até as desconfortáveis. Para começar, não gosto de rotular as emoções como "boas" ou "ruins", pois, ao fazer isso, estaria julgando as emoções e a nós mesmos por tê-las, o que não ajuda em nada. Por exemplo, as pessoas às vezes categorizam emoções que indicam que algo não está certo ou que é perigoso como "ruins". Assim, também fomos ensinados a evitar esse tipo de emoção. (Deus nos livre de não termos pensamentos positivos todos os segundos da nossa vida.) Portanto, em vez de tentar entender o que está acontecendo e de perguntar por que estamos sentindo o que sentimos, tentamos diminuir o desconforto por meio daquelas estratégias de anulação sobre as quais falamos no capítulo 1.

Mas a verdade é que essas emoções chamadas de "negativas" não são tão terríveis, ameaçadoras e intoleráveis quanto imaginamos. Todas as emoções são, apenas, *uma sensação geralmente benigna no nosso corpo*. Por si só, as emoções não são ameaçadoras ou perigosas de imediato. Desconfortáveis? Sim. Intoleráveis? Na verdade, não. Elas são estados biológicos associados ao sistema nervoso provocados por mudanças neurofísicas que, por sua vez, são causadas pela liberação de diferentes hormônios e neurotransmissores. Elas podem surgir como uma sensação fisiológica sem nenhum contato, como "frio" na barriga, peito "apertado", ou pele "formigando".

As palavras que utilizamos para identificar nossas emoções, como raiva, ansiedade, tristeza, felicidade e alegria, identificam uma combinação particular de sensações. É só isso. É só isso que elas são.

Por exemplo, a ansiedade é associada, com frequência, a sentimentos fisiológicos como sentir frio na barriga, coração acelerado e sensação de aperto no peito. Sabe por quê? Essa combinação de impulsos neurológicos costuma ser o modo pelo qual muitas pessoas vivenciam a ansiedade. A raiva, por outro lado, costuma estar associada a cabeça ou rosto quente, tensão no estômago ou na mandíbula. Por quê? Pela mesma razão. Pare e pense em todas as coisas que você fez para evitar e compensar essa combinação de sensações, que não é ameaçadora nem mesmo dolorosa, no seu corpo.

Se você nunca prestou atenção a quando crianças vivenciam emoções, deveria fazê-lo em uma próxima oportunidade. É fascinante. Na maioria das vezes, elas ainda não aprenderam a esconder ou reprimir sentimentos, de modo que suas emoções são exibidas em toda a sua glória. Quando as crianças sentem algo, elas *sentem*. Gritam, esperneiam, batem o pé, choram, riem, pulam, dançam, brincam — *sentem*. Perdemos muito desses comportamentos ao envelhecermos — o que nem sempre é tão ruim... Não tenho certeza se um adulto batendo pé e gritando na calçada porque perdeu o ônibus seja a reação mais eficiente, mas há partes da nossa repressão emocional aprendida que nos fazem mais mal do que bem.

Exercício: como identificar o que está sentindo — a Bola Colorida

Agora que você já pensou nisso, é hora de começar a praticar como sentir e identificar suas emoções com o exercício Bola Colorida. Se você tem dificuldade para identificar suas emoções, este é um ponto de partida excelente. Por falar nisso, não se sinta mal se o fizer. Muitas pessoas, independentemente da sua origem, consideram a identificação de emoções um desafio, ainda mais se entender sentimentos não fazia parte das prioridades das suas conversas na infância.

Aqui está a sua tarefa: amanhã ou nos próximos dois dias, sempre que tiver um sentimento — qualquer sentimento — pare e preste atenção nele. Quando você parar para vivenciar a emoção, pense nela como uma bola macia e maleável dentro de você. Então pergunte a si mesmo: *De que cor é esta bola?*, e registre a primeira cor que surgir na sua mente. Depois de saber a cor, pense no sentimento que você provavelmente associaria a ela. Por exemplo, o vermelho é muitas vezes raiva ou frustração; o azul tende a ser tristeza ou mágoa; o amarelo pode ser ansiedade etc. Escreva esses itens no seu diário ou em algum lugar que você possa consultar mais tarde. Quaisquer que sejam as "palavras de sentimento" e as emoções que você atribuir a cada cor em seu pensamento, elas o ajudarão a desenvolver habilidades mais adequadas para entender os sentimentos que está vivenciando.

Não há respostas certas ou erradas aqui. Seus sentimentos são seus sentimentos, e está tudo bem; eu prometo.

Alarmes

Aqui está o que muitas pessoas não entendem e aquilo que os livros de autoajuda nunca dizem sobre as emoções: de fato, não podemos controlá-las, pelo menos não do modo que a maioria das pessoas define a palavra "controle".

Muitas vezes, quando os clientes finalmente marcam uma consulta comigo, eles esgotaram todas as opções disponíveis de controle das emoções e chegaram ao fim da linha. Eles me dizem que estão se concentrando em pensamentos positivos e em boas vibrações. Muitos deles tentaram forçar suas emoções a sair ao gritar com eles mesmos quando estão passando por um momento difícil, dizendo para si "pare de se sentir assim!". E se você já tentou fazer isso — eu, pelo menos, tentei —, sabe como isso funciona. Ou seja, não funciona de jeito nenhum.

Você não consegue *parar* de sentir raiva, mágoa, ciúmes ou insegurança dizendo para o sentimento parar. Os sentimentos não podem ser afastados com pensamentos positivos nem espantados gritando para si mesmo. Os seus sentimentos não aparecem sem motivo, então fazê-los desaparecer não é tão fácil.

Pense nos seus sentimentos como um alarme de incêndio. Você não pode simplesmente desligar o alarme e supor que o problema tenha desaparecido. Como um alarme de incêndio, suas emoções estão sinalizando algo a que você provavelmente deveria prestar mais atenção.

Embora não haja nenhuma garantia de que o alarme tenha disparado porque a sua casa emocional está pegando fogo, ele não está tocando sem motivo. E como um alarme de incêndio real, uma boa ideia é, em primeiro lugar, investigar por qual razão ele está tocando.

Está aborrecido porque as críticas que recebeu no trabalho estão fazendo você se perguntar se será promovido? Está inseguro porque seu chefe de microgerenciamento estava falando muito bem de seu colega e você internalizou isso como se ele não o valorizasse? Está magoado porque seu amigo não respondeu você durante dias e agora acha que a amizade dele é unilateral? Está com raiva porque sua mãe, sempre crítica, fez comentários sobre o seu peso e isso desencadeou sentimentos de vergonha? Quando surge uma emoção, não há problema (leia-se: é saudável) perguntar a si mesmo: *certo, o que está acontecendo aqui? Por que meu alarme está disparando? Por que estou me sentindo assim?*

Você pode tentar escapar do alarme — ah, as coisas que fazemos para escapar —, mas, na melhor das hipóteses, se abafar o alarme, ele só desaparecerá temporariamente, tornando-se um som monótono de fundo — até que ele dispare de novo ou você preste atenção ao que está fazendo-o soar em primeiro lugar.

Os sentimentos ruins são bons

Como podemos aprender a lidar com as emoções problemáticas que fazem o alarme de incêndio soar e desencadeiam a fuga? Bem, a primeira coisa a fazer é praticar como senti-las plenamente. Eu sei que pode parecer tolice que precisemos aprender a *viver* os nossos sentimentos, mas essa é a verdade.

A esta altura, você pode estar revirando os olhos porque acha que já está "sentindo". Com bastante frequência, costumo ouvir as pessoas dizerem: "Sempre me preocupo se meu chefe vai perceber que não mereço meu cargo porque não sei realmente o que estou fazendo" ou "Fico ansioso pensando se disse a coisa certa quando estava com amigos e me pergunto o tempo todo se não ofendi alguém sem querer".

No entanto, *ter* emoções difíceis, não importa a frequência, não é o mesmo que se permitir senti-las. Estar preso em um ciclo de turbulências emocionais não é o mesmo que processar uma dor ou um desconforto emocional.

À medida que seguir comigo nessa jornada, vou ensiná-lo que é possível processar de maneira adequada e vivenciar os sentimentos difíceis. Você não precisa ficar travado no sentimento difícil e nem ter medo dele — e posso apostar que você descobrirá que não é tão horrível assim sentir-se horrível.

Pense comigo: *Não é ruim ter sentimentos "ruins"*.

Mais uma vez para o pessoal lá do fundo: *Não é ruim ter sentimentos "ruins"*.

Quer mais uma boa notícia? Uma vez que seu cérebro for capaz de entender que sentimentos horríveis não são nada temíveis, quando você se sentir horrível, vai conseguir se sentir *menos* horrível. Menos. Não mais.

Suas emoções, inclusive as que disparam todos os alarmes, não são certas, nem erradas, nem ruins, nem boas. Elas existem por um motivo e, se quiser ter o domínio da sua mente e das suas emoções, você precisa aprender a sentir todas elas.

Um passo para trás

Eu seria negligente se não avisasse o que você vivenciará na jornada para assumir o controle de sua própria vida. Quando se permitir sentir de verdade, não haverá um pó mágico que torne a sensação agradável imediatamente.

Sentir pode parecer simples e fácil, mas não é. Seu cérebro e seu corpo não estão acostumados com isso; eles estão acostumados com o velho surto emocional e com a explosão; e eles são *muito, muito bons nisso*.

Seu cérebro, assim como todos os cérebros humanos, é uma criatura de hábitos e, independentemente de o hábito ser útil ou não, saudável ou não, ele gosta de previsibilidade. Quando você começa a mudar a rotina no seu cérebro, por exemplo, modificando suas respostas emocionais, ele vai dar um passo para trás. Isso é certo. Essa resistência não é um sinal de que você está fazendo algo errado; é apenas a resposta natural do seu cérebro a qualquer tipo de mudança.

A resistência pode assumir diversas formas. À medida que você adotar uma nova maneira de se relacionar com o seu cérebro, observe pensamentos do tipo: *Isso é muito difícil*, ou então *Eu não consigo fazer isso*, ou ainda *Isso vai demorar muito*. Honestamente, se esses pensamentos surgirem, considere-os um sinal de progresso. Isso significa que você está começando a mudar, e seu cérebro, avesso a mudanças, está fazendo tudo que pode para voltar ao *status quo*. E, embora ele não saiba ainda, vai ficar melhor e mais fácil, e seu cérebro vai se adaptar.

Como vivenciar os seus sentimentos

Já falamos sobre a primeira etapa desse processo: identifique quais emoções você está sentindo à medida que elas vêm à tona. Nada mal, certo? Espero que esteja trabalhando no exercício Bola Colorida que foi citado anteriormente. Caso esteja, provavelmente você pôde perceber que algumas emoções são mais fáceis de serem identificadas, assim como de serem aceitas (por exemplo: alegria, entusiasmo e amor) do que outras (tais como: vergonha, medo ou vulnerabilidade). Talvez também tenha notado, assim como eu, que as emoções que consideramos negativas são difíceis de definir e ainda mais difíceis de processar.

Então, vamos começar por elas. Para processar uma emoção que você não é capaz de nomear, comece a pensar em palavras que possam descrever sua fisiologia e também suas ideias. O que seu corpo sente quando você a sente? Pode ser algo como: "Agora pareço estar sentindo frio na barriga, sinto tensão na mandíbula e o peito apertado". O nome dessa combinação de sensações provavelmente é "ansiedade".

Outro exemplo poderia ser: "Tenho uma sensação de visão em túnel, sinto um nó na garganta e uma sensação de aperto no estômago. Na minha cabeça, estou repetindo pensamentos negativos sobre mim". Essa experiência provavelmente está relacionada à "vergonha".

É isso.

Descrever a emoção com qualquer linguagem que você tenha demonstra explicitamente ao seu cérebro que você sabe o que é a emoção, que sabe que ela está lá e, o principal, que você é capaz de ouvir a emoção e dar conta dela. Esses componentes acabam levando ao simples e poderoso ato de *aceitação*. Você não está evitando, reprimindo ou se preocupando com seus sentimentos. Está simplesmente reconhecendo-os. Ótimo! Agora você está processando-os oficialmente, em vez de evitá-los ou reagir a eles. Como está se sentindo?

Quando você aceita e se permite vivenciar os seus sentimentos, seu cérebro começa a entender que não precisa continuar disparando o alarme. Você está dizendo ao seu cérebro que o problema é uma torrada queimada, não um incêndio em casa, e que pode lidar com ele.

Aceitar não significa necessariamente que você goste daquilo que está sentindo ou mesmo que queira vivenciá-lo; na verdade, aceitar significa que você sabe que não está verdadeiramente em perigo, mas que está sentindo desconforto em seu corpo. E depois de tudo pelo que passamos, nós dois sabemos que o desconforto pode ser superado.

Exercício: sentindo as suas emoções

Chegou a hora de praticarmos juntos a identificação e o processamento emocional. Estamos fazendo o exercício Bola Colorida e dando mais um passo adiante.

Nos próximos dois dias, sempre que estiver sentindo ansiedade, tristeza ou raiva, quero que observe como elas estão aparecendo no seu corpo e registre-as. No seu diário, em um bloco de anotações ou até mesmo no aplicativo de notas do seu celular, registre exatamente como a emoção se manifesta no seu corpo.

Se você já praticou a atenção plena, pode pensar neste exercício como um escaneamento do corpo. Faça uma pausa e procure perceber onde você sente a emoção. Suas anotações podem ser algo do tipo:

Horário	Onde sinto esta emoção?	Como esta emoção se manifesta?	O que estou sentindo?
10h	Peito	Coração disparado, respiração acelerada	Ansiedade
13h	Estômago, garganta	Sensação estranha no estômago e tensão na garganta	Tristeza
20h	Peito, cabeça, olhos	Aperto no peito, quentura na cabeça, visão em túnel	Raiva

Este processo de registrar manualmente as suas emoções e como elas se manifestam gravará essas experiências no seu cérebro de uma maneira que apenas pensar nelas não faria.

Neste momento, você deve estar se perguntando o que pode acontecer caso não tenha completa certeza do que está sentindo exatamente.

Não se preocupe; está tudo bem.

Caso você ache que este exercício está muito difícil de ser realizado, fique com a Bola Colorida por enquanto e pratique a categorização de seus sentimentos por mais algum tempo. Perceber quais são seus sentimentos é o primeiro passo para evitar que suas emoções o consumam e, assim como todas as coisas boas, leva algum tempo para que possa ser praticado. Na próxima página, deixei um modelo em branco para que você possa utilizar quando estiver sentido-se pronto. Não tenha pressa.

Horário	Onde sinto esta emoção?	Como esta emoção se manifesta?	O que estou sentindo?

Pisando no freio

Este processo aparentemente simples de nomear e descrever suas emoções à medida que elas se apresentam fisicamente o ajudará a evitar espirais e sobrecargas emocionais. Isso nos ajuda a "pisar no freio" das nossas reações emocionais. E agora que você sabe que as emoções são apenas sensações físicas inofensivas no corpo, provavelmente está se perguntando *por que* elas causam tantos problemas na nossa vida. Por que elas podem arruinar um dia inteiro ou nos colocar em um inferno por semanas? Bem, não são suas emoções; elas só têm essa má reputação. O verdadeiro problema está — você está preparado para saber? — nos nossos pensamentos.

Conclusões

- As emoções são apenas sensações fisiológicas no seu corpo;
- Não é ruim ter sentimentos ruins. (Esta não é a última vez que você vai ler isso);

- Podemos vivenciar adequadamente nossos sentimentos quando dedicamos tempo para descrevê-los e identificá-los;
- Sentir emoções de verdade pode ser desconfortável, mas ficaremos bem.

Sugestão para o diário: por que posso estar resistindo a vivenciar meus sentimentos? O que acho que poderia acontecer se eu o fizesse?

capítulo três

O PROBLEMA COM OS PENSAMENTOS

Apesar de a maioria não conseguir perceber, nós, seres humanos, vivemos muito mais estressados e ansiosos do que realmente é necessário. Vivemos dia após dia nos sentindo completamente sobrecarregados e preocupados, muitas vezes sem nunca ter dado um passo para trás e nos perguntado o que *realmente* está nos estressando, preocupando ou causando aquele batimento cardíaco tomado pelo pânico.

É claro que há momentos em que o porquê é bastante óbvio. Há dias em que você tem mais de um milhão de coisas diferentes para fazer em 24 horas (menos ainda se pretende dormir) ou quando não tem ideia de como vai cumprir aquele prazo; esses são óbvios. Muitas vezes também estamos cientes da ansiedade que antecede situações como grandes reuniões familiares, com tios misóginos e pais passivo-agressivos, ou estresse financeiro, como esticar seu orçamento para incluir aniversários e casamentos.

Entretanto, também há momentos em que sentimentos problemáticos simplesmente surgem sem um gatilho claro. É aí que fica difícil, certo? Quando você se sente estressado, ansioso ou esgotado em geral, sem uma razão aparentemente boa, pode ser uma luta entender a origem desses sentimentos. Em situações como essas, é tentador julgarmos a nós mesmos, mas vamos trabalhar nisso juntos!

Diário das emoções

Sei que você está trabalhando para identificar suas emoções e, assim, conectá-las às suas respostas fisiológicas (espero que esteja indo bem!). Com base nos exercícios do capítulo anterior de como identificar e processar seus sentimentos, está na hora de começar a ser consistente ao registrá-los. Isso é especialmente útil se estiver se sentindo sobrecarregado, aborrecido ou ansioso sem uma compreensão clara do gatilho ou da origem desses sentimentos.

Primeiro, utilize as habilidades que você está desenvolvendo para identificar o sentimento. Então, pergunte a si mesmo o que estava ou está acontecendo na sua vida, na sua cabeça ou no ambiente. O que é isso? Por que está lá?

Você pode fazer o registro no diário desta forma:

Domingo, 12h	Me sentindo estressado	Aquela droga de trem demorou e me fez atrasar para o cabeleireiro. Odeio chegar atrasado!
Domingo, 15h	Me sentindo aborrecido	Carla disse que esse corte de cabelo não combina comigo.
Domingo, 19h	Me sentindo sobrecarregado	Meu chefe não para de me mandar e-mails com mais tarefas. Não vou conseguir fazer todas elas.

Segunda-feira, 7h	Me sentindo ansioso	Sempre acordo com uma sensação estranha às segundas-feiras, mas não sei o porquê.
Segunda-feira, 12h	Me sentindo magoado	Um grupo de colegas saiu para almoçar e não me convidou.
Segunda-feira, 18h	Sentindo raiva	Meu parceiro mandou mensagem para dizer que estava saindo para tomar um drinque e que chegaria tarde.
Terça-feira, 3h	Sentindo pânico	Acordei no meio da noite suando e com o coração acelerado, mas não sei bem o porquê.

Lembre-se de que não existem sentimentos certos ou errados. Este exercício está aqui para reforçar o que você já começou a fazer: perceber, processar e registrar as situações que despertam emoções e quais são essas emoções. Continue fazendo este exercício por mais dois dias e vá em frente.

Os pensamentos por trás dos sentimentos

À medida que este exercício o ajuda a ter mais consciência dos seus gatilhos emocionais externos e internos — atividades, experiências, situações, pessoas, conversas etc. —, você consegue ver algum padrão surgindo? Os sentimentos desagradáveis parecem concentrar-se no trabalho ou no ambiente familiar? Eles acontecem em horários previsíveis durante o dia? Você consegue ver tendências em fatos ou pessoas que provocam sentimentos específicos? A causa de alguns dos seus sentimentos ainda é um mistério?

Certo. Prepare-se. E se eu lhe disser que suas reações emocionais não estão totalmente ligadas às suas experiências ou às pessoas ao seu redor? Bem, querido companheiro humano, pois é isso que vou lhe dizer. O seu ambiente e as outras pessoas não causam todos os seus sentimentos. Trem atrasado, conversas constrangedoras e pessoas rudes têm muito menos a ver com seu estresse, sua ansiedade ou seu aborrecimento. Está pronto para identificar o culpado? *Seus pensamentos!* É, os pensamentos conectados a todos esses cenários (e às centenas de outros que vivenciamos todos os dias) estão criando o problema real.

Sim. É verdade. O *seu* cérebro (isso mesmo, o seu cérebro) é responsável por todas as sensações de desconforto que você experimenta. Felicidade, vergonha, mágoa, preocupação e raiva — essas reações fisiológicas sobre as quais falamos antes — não são realmente responsáveis por nada. Elas são reações aos pensamentos conscientes e inconscientes que passam pela sua cabeça.

Quero explicar um pouco melhor.

Primeiro, vamos esclarecer a questão. Não estou dizendo que você está imaginando os sentimentos do nada. Seu chefe colocou uma pilha de tarefas extras na sua mesa, você não foi incluído no almoço do grupo do escritório, seu amigo de fato criticou seu novo corte de cabelo e os quarenta minutos no trânsito certamente o fez chegar atrasado no trabalho.

Entretanto, quando as coisas acontecem e *interpretamos* essas experiências de uma forma particular, muitas vezes damos a elas um significado que vai muito além dos simples fatos. Por exemplo, se eu tropeçar e cair, os fatos são apenas esses: eu tropecei e depois caí. Como seres humanos, no entanto, muitas vezes acrescentamos significados como: "Nossa, não consigo nem andar. O que há de errado comigo?" ou "Ah, bom. Agora todo mundo acha que sou um idiota". Isso é completamente normal, pois os seres humanos são máquinas de fazer sentido. Assim, *damos* significado às experiências. As experiências, por si só, apenas *são*. Você tem uma perspectiva (leia-se: pensamentos) sobre o que acontece ou não acontece, e sua interpretação do fato ou do não fato é o que cria a sua reação emocional.

Vou compartilhar um exemplo da minha própria vida. Na semana passada, quando alguém me fechou no trânsito, meu corpo ficou tenso e minha pressão arterial subiu, então buzinei. Eu estava chateada. Mas por que me senti assim? Bem, porque eu comecei imediatamente a pensar que o motorista era um idiota, um egoísta que achava que o trajeto dele era mais importante do que o meu. Mais do que justo, certo?

Mas sabe o que é fascinante? Alguém na mesma situação poderia ter se sentido envergonhado em vez de irritado. Quando a pessoa leva uma fechada no trânsito, ela pode sentir o calor passar pelo rosto e uma sensação estranha no estômago. Isso não porque a experiência dela foi diferente; mas porque *os pensamentos* dela foram diferentes. Ela pode pensar na situação assim: *Minha nossa, será que estou dirigindo tão mal que irritei aquela pessoa? Me sinto tão idiota!*

Agora é a sua vez. Imagine que da próxima vez que parar a leitura para olhar para o celular, veja um e-mail do seu chefe com o assunto: *Precisamos conversar.*

Quais seriam os seus sentimentos e pensamentos? Lá vamos nós.

Se você fosse a pessoa A, poderia reagir com sentimentos de preocupação. Talvez seu estômago parecesse ter se revirado. Se você fosse a pessoa B, talvez sentisse aborrecimento, que poderia aparecer em seu corpo como uma raiva morna — o rosto e a cabeça quentes, mas não o fogo furioso do inferno. E a pessoa C? Bem, ela poderia se sentir animada, com uma tontura leve e agradável enquanto o estômago se revira com um potencial feliz.

As pessoas A, B e C poderiam reagir à mesmíssima experiência com três sentimentos completamente diferentes. É isso que quero dizer quando digo que os nossos pensamentos, e não os nossos sentimentos, criam a maioria das nossas experiências emocionais.

A pessoa A ficou preocupada porque *pensou* algo como: *Que droga, o que fiz de errado? Isso não parece bom.* A pessoa B aborreceu-se porque *pensou* assim: *De novo isso, porque não me deixam em paz? Eles não sabem que já estou farto?* E a pessoa C estava empolgada porque *pensou* coisas do tipo: *Tenho trabalhado tanto ultimamente... aposto que finalmente vão me dar aquela promoção!* Viu como funciona?

Nossa interpretação pessoal do que vivenciamos cria nosso significado pessoal, que, por sua vez, cria nossos sentimentos pessoais. Esse princípio é a razão pela qual os indivíduos podem ter reações opostas a exatamente o mesmo fato. Um atraso de quarenta minutos do transporte público não gerará aborrecimento e estresse em todos os passageiros que ficam esperando na plataforma. Se o pensamento de um deles for: *Perfeito. Eu estava com medo daquela reunião. Agora que vou escapar dela, posso apenas rever as atas*, ele ficará feliz porque poderá esperar mais um tempo.

Como nem sempre estamos plenamente conscientes dos pensamentos e das crenças que causam as nossas respostas, muitas vezes não percebemos nossa participação nas nossas próprias emoções. Elas surgem dentro de nós e parecem fora de controle quando não conseguimos entender o que de fato está acontecendo no nosso cérebro.

A história que contamos para nós mesmos

O renomado psiquiatra David Burns, um dos criadores da terapia cognitivo-comportamental (TCC), foi quem me introduziu o conceito de trabalho de pensamento. Seu livro *Antidepressão: a revolucionária terapia do bem-estar* foi o primeiro que li sobre o assunto e, até hoje, é um dos livros de autoajuda baseados em psicologia mais conhecidos. Burns, junto com Donald Meichenbaum, Aaron Beck e Albert Ellis, trouxe para o *mainstream* a ideia de que os pensamentos são a fonte dos nossos sentimentos. Meichenbaum chama os seres humanos de *Homo narrans*, ou criadores de histórias, porque cada um de nós cria a narrativa da própria vida. Ele explorou o conceito de que toda a experiência emocional humana é construída em torno das histórias que contamos a nós mesmos sobre as outras pessoas, o mundo, a nossa vida, e sobre como as coisas deveriam ser e o que tudo isso significa.

Quando clientes ou alunos vêm até mim na esperança de se "destravarem", quase sempre dou a eles a mesma lição de casa:

entre esta e a próxima sessão, preste atenção aos seus pensamentos quando estiver se sentindo triste, irritado, rejeitado, magoado ou com raiva. Apenas preste atenção aos pensamentos que passam pela sua cabeça nos momentos em que perceber um sentimento difícil surgindo.

Quando esses clientes ou alunos retornam na semana seguinte, descobrimos que há uma história por trás desses sentimentos.

Exercício: de onde vêm suas emoções?

Faça uma pausa e dedique um momento a lembrar-se da última emoção difícil que você teve. Como soube que estava tendo um sentimento difícil, e qual foi a sensação? A esta altura, você está dando os primeiros passos nesse assunto.

Agora, como sempre, vamos desenvolver nossas habilidades. Pense nesses sentimentos como um indicador para acionar a sua mente. Quando você perceber uma emoção difícil, use-a como gatilho para examinar seus pensamentos e, como de costume, anote-os. Faça três ou quatro anotações por dia durante dois ou três dias. Seu registro pode ficar assim:

Fato ativador (o que aconteceu)	Pensamentos e crenças (história sobre o que aconteceu)	Consequência emocional (como me senti)
Perdi o trem e chegarei atrasado no trabalho.	Meu chefe vai pensar que sou irresponsável.	Ansioso
Minha mãe telefonou e comentou que eu esqueci do aniversário da minha tia.	Minha mãe acha que sou incompetente.	Com raiva

Familiarize-se com a identificação dos seus pensamentos quando as emoções estiverem em alta e antes de passar para o próximo estágio. Como o ser humano médio tem cerca de 6 mil pensamentos por dia, você terá muitas oportunidades de se envolver nesse processo. Mas não se preocupe. Você não precisará prestar atenção a todos eles, mas a três ou quatro será uma boa forma de começar.

Há alguns anos, recebi um e-mail de uma aluna me criticando por tratá-la injustamente. A princípio, fiquei com raiva das críticas — me considero uma líder atenciosa e justa —, mas depois minha raiva se transformou em vergonha, porque meu próximo pensamento foi que se ela não gostou de algo que fiz, isso deveria significar que não sou uma líder tão boa quanto imaginava. Pensando melhor, porém, entendi que minha aluna estava criando sua própria narrativa a respeito do que minhas ações significavam para ela, ou suas próprias ideias sobre como uma líder deveria ou não fazer seu trabalho, e era isso que estava gerando raiva nela. No final das contas, aquilo não era realmente a meu respeito, apesar dos meus pensamentos e sentimentos iniciais.

Outro exemplo aconteceu alguns meses atrás. Enviei uma mensagem a uma amiga em uma noite em que estava me sentindo sozinha e desconectada: *Você está livre hoje à noite para me encontrar na horta comunitária para um drinque e uma visita?* Ela me respondeu: *Ah, desculpe, já tenho outros planos.* Imediatamente me senti magoada, então me arrisquei a acessar minha mente e espiar meus pensamentos. Após a reflexão, meu drama mental era algo do tipo: *Acho que não sou tão importante para ela, e talvez não seja tão importante assim.* Como eu praticava esse conjunto de habilidades havia algum tempo, logo consegui captar esse pensamento e confirmar que não existia verdade na minha narrativa interna. Eu tinha enviado um convite de última hora, e as pessoas geralmente estão ocupadas ou cansadas no final do dia. "Não, obrigada" não é equivalente a uma rejeição pessoal.

Aqui está o quadro que eu teria elaborado a respeito dessas situações:

Fato ativador (o que aconteceu)	Pensamentos e crenças (história sobre o que aconteceu)	Consequência emocional (sentimentos sobre o que aconteceu)
E-mail da aluna	Nossa, devo ser uma líder ruim para alguém ficar tão aborrecido.	Vergonha
Mensagem da minha amiga dizendo que não poderia se encontrar comigo	É óbvio que minha amiga tem algo melhor para fazer com o tempo dela e não se importa comigo tanto quanto me importo com ela.	Mágoa

De onde vêm os nossos pensamentos?

O seu cérebro está sempre tentando entender o mundo ao seu redor, e é por isso que ele cria essas histórias para dar sentido a tudo e a todos, inclusive como você se encaixa nisso tudo. A base do nosso pensamento acerca de situações, interações e experiências foi formada quando éramos jovens e nosso cérebro estava aprendendo a pensar por meio de ensino direto, de exemplos, da observação e da absorção do mundo que nos rodeava.

Os pensamentos são, em essência, apenas uma sequência de palavras no cérebro que você pegou de algum lugar ou de alguém ao longo do caminho. Uma frase que sua mente acredita ser verdade. Infelizmente (ou talvez felizmente, dependendo da sua perspectiva), seus pensamentos não pintam em regra um retrato preciso da realidade. Nem sempre eles são fatos, portanto, nem sempre são a verdade. Mas, para nossa infelicidade, geralmente pensamos que são.

Exercício: este pensamento não é a verdade

Antes de mergulhar no assunto e tentar fazer uma revisão completa em todos os seus pensamentos inúteis, comece simplesmente observando os pensamentos como "apenas pensamentos". Na próxima vez que você sentir uma emoção no seu corpo (agora que você já é tão bom nisso), dê um passeio pela sua mente, em uma missão de descoberta de pensamentos. Quando se deparar com um, diga a si mesmo: *É só um pensamento. Não é necessariamente um fato, uma verdade ou a única maneira de interpretar o que está acontecendo. É uma opção, e não uma conclusão.*

Pensamentos tornam-se hábitos

Quando notar resistência ao mantra segundo o qual os pensamentos podem não ser verdade — você já sabe que seu cérebro vai lutar contra a mudança —, coloque-se no lugar de outra pessoa em uma situação semelhante. Seu cérebro quer que os seus pensamentos sejam a verdade absoluta, mas é certeza que outra pessoa nessa situação estaria pensando exatamente a mesma coisa? Lembra-se do e-mail: "Precisamos conversar"? Só porque está pensando em algo não significa que você esteja certo. Você acabou tendo esse tipo de pensamento por tanto tempo que seu cérebro pensa que é verdadeiro.

Quando perceber que seu cérebro agarra-se a esses pensamentos como se eles fossem verdades, pergunte a si mesmo o que acontecerá se você escolher uma interpretação alternativa (ou então pensamentos diferentes). Você vai ficar bem? Caso se desapegue de seus pensamentos automáticos, algum mal irá lhe acontecer?

Por fim, imagine se os pensamentos alternativos que você escolheu não fossem causadores de ansiedade, estresse e dor. Como a sua vida mudaria?

Uma vez que você começar a desembrulhar seu inconsciente dessa maneira, se tornará mais consciente dos pensamentos perturbadores que estão por trás das emoções difíceis. E fazendo isso, você aprenderá a mudar toda a sua experiência humana.

Conclusões

- Nossos *pensamentos* causam os nossos maiores problemas, e não nossas emoções;
- Agora sabemos que são os *pensamentos* sobre as nossas experiências que criam os nossos sentimentos (ou seja, como interpretamos as situações e o que dizemos a nós mesmos que essas interpretações significam);
- Nossa experiência emocional é, em geral, o resultado da nossa narrativa interna;
- Nossos pensamentos *não* são necessariamente a verdade;
- A maioria dos nossos pensamentos é, na verdade, um hábito.

Sugestão para o diário: quando estou me sentindo ansioso ou inseguro, quais padrões de pensamento passam pela minha mente? Por que tenho esses pensamentos? De onde eles podem ter vindo?

capítulo quatro

OS PENSAMENTOS CRIAM SENTIMENTOS, E OS SENTIMENTOS CRIAM COMPORTAMENTOS

Para algumas pessoas, encontrar a conexão dos pensamentos com os sentimentos pode parecer um grande salto para o qual ainda não estão prontas, enquanto outras já podem estar totalmente preparadas. De qualquer forma, vamos voltar a esses lembretes simples, mas nem sempre fáceis:

1. Um pensamento é apenas uma interpretação, e não um fato;
2. Um sentimento é uma sensação no nosso corpo, e não uma ameaça;
3. Com muita frequência, nossos *pensamentos* criam os nossos sentimentos.

Espero que você esteja começando a ver como os pensamentos surgem e causam sua reação emocional à medida que avança nos exercícios apresentados aqui. Uma das minhas frases favoritas — muito verdadeira — que me vem à mente quando reflito sobre essa ideia é: "Não vemos o mundo como ele é; vemos o mundo a partir de onde estamos".

Apesar de seguirmos pela vida pressupondo que vemos as coisas com clareza, não temos consciência de que estamos olhando tudo através de nossos próprios para-brisas. Eles, infelizmente, estão arranhados, sujos e manchados devido a tudo o que já passamos. Achamos que estamos vendo com clareza, mas preconceitos, condicionamentos e influências embaçam o nosso olhar a cada passo, e as percepções resultantes disso são distorcidas pelo nosso mundo interno preexistente.

Considere um cenário em que você e seu parceiro estão no meio de uma briga não resolvida. Você ficou com raiva e em silêncio por cinco minutos e, em seguida, recebe a mensagem de um amigo cancelando os planos para o fim de semana. Nesse momento, você pode pensar rapidamente algo negativo como: *Está vendo? Todos estão contra mim e ninguém se importa comigo.* Entretanto, se você receber a mesma mensagem no final de um encontro excelente com seu parceiro, será mais fácil pensar: *É uma pena, mas eu entendo. Ele está lidando com muita coisa acontecendo agora.*

Nossos pensamentos e, consequentemente, nossos sentimentos são influenciados por muitos fatores — e é por isso que é tão importante investigá-los.

O modelo FICRE

À medida que damos mais passos rumo ao mundo da compreensão dos nossos pensamentos e das nossas emoções, modifiquei o modelo FIC do psicólogo Albert Ellis para criar o modelo FICRE. Esse pequeno modificador de cérebros fornece as ferramentas necessárias para você entender os seus pensamentos e como eles influenciam não apenas os seus sentimentos, mas também os seus atos.

Começaremos com a parte FIC do modelo — que é essencialmente o que você descobriu durante a prática de reconhecimento da conexão entre suas percepções, seus pensamentos e seus sentimentos:

F = fato ativador
I = interpretação (seus pensamentos de F)

C = consequências emocionais (quais sentimentos acontecem depois da combinação de F e I)

Fato ativador (F) + interpretação (I) = consequências emocionais (C)

Identificando os FIC

Imagine Heather e a família indo à casa da mãe dela para um jantar nas férias. Durante a visita, seus filhos pequenos ficam correndo e, via de regra, se comportando mal. Em dado momento, a mãe de Heather diz: "Sabe, as crianças estão meio agitadas. O que está acontecendo? Você nunca se comportou assim quando era pequena. Sempre garanti que ficasse quieta e educada". Heather fica furiosa.

Em termos objetivos, os filhos de Heather estavam correndo para lá e para cá e então a mãe de Heather fez um comentário sobre esse comportamento. Mas por que Heather sente raiva ao ouvir o comentário? Você ficaria com raiva? Ou triste? Ou então acharia a maior graça?

Vamos para a tabela FIC. Se Heather estivesse chateada, ela provavelmente diria que F era a crítica da sua mãe, e por causa disso ela ficou furiosa e magoada.

Entretanto, agora você sabe que não é tão simples assim. E se Heather estivesse trabalhando para assumir o controle de sua própria vida e não tivesse ouvido o comentário como uma crítica? Antes de registrar a emoção em qualquer parte do FIC, inclusive com nossa linguagem descritiva, precisamos neutralizar o fato ativador o máximo possível. Descrever o fato de forma objetiva e neutra nos ajuda a ver como pessoas diferentes (ou até mesmo nós em dias diferentes) podem interpretar a mesma situação de maneiras completamente distintas. Habituar-se a trabalhar com fatos como esse pode ajudar a acalmar suas reações emocionais rapidamente.

Quando neutralizamos nossa descrição de F para a tabela FIC de Heather, ela pode ficar assim:

Fato ativador (F)	Interpretação (I)	Consequências emocionais (C)
A mamãe fez um comentário sobre as crianças		

Quando acrescentamos I, temos:

Fato ativador (F)	Interpretação (I) (o que Heather pensou)	Consequências emocionais (C) (o que Heather sentiu)
A mamãe fez um comentário sobre as crianças	A crítica de mamãe ao meu comportamento materno significa que sou uma péssima mãe.	

O que faz com que Heather sinta C:

Fato ativador (F)	Interpretação (I) (o que Heather pensou)	Consequências emocionais (C) (o que Heather sentiu)
A mamãe fez um comentário sobre as crianças	A crítica de mamãe ao meu comportamento materno significa que sou uma péssima mãe.	Raiva, vergonha

A emoção só faz sentido quando olhamos a coluna I e entendemos a história que Heather contou a si mesma a respeito das palavras da mãe. Tecnicamente, F não é uma crítica ao comportamento materno de Heather — F é simplesmente a sequência de palavras que a mãe de Heather disse. Hipoteticamente, o fato ativador de Heather eram apenas palavras, até ela inventar uma história sobre o que elas significavam.

Dependendo da nossa percepção, é fácil pensar nesse comentário como um julgamento e identificá-lo como a origem da vergonha de Heather. No entanto, essa emoção não é realmente causada pelas palavras da mãe, mas pelo que ela pensa e acredita ser "verdade" acerca do que a mãe disse.

Vamos analisar algumas outras reações que Heather poderia ter tido, dependendo da perspectiva e da história que ela tivesse contado para si mesma naquele momento.

Fato ativador (F)	Interpretação (I) (o que Heather pensou)	Consequências emocionais (C) (o que Heather sentiu)
A mamãe fez um comentário sobre as crianças	A crítica de mamãe ao meu comportamento materno significa que sou uma péssima mãe.	Raiva, vergonha
A mamãe fez um comentário sobre as crianças	A mamãe não deveria se meter em assuntos que não lhe dizem respeito.	Aborrecimento
A mamãe fez um comentário sobre as crianças	A mamãe está comentando como o estilo materno dela e o meu são diferentes.	Calma, despreocupação

Relembre alguns dos padrões que você pôde notar depois do capítulo 2, quando falamos sobre como perceber aquilo que tende a aborrecê-lo. Veja se você é capaz de identificar e neutralizar o fato ativador de alguma determinada situação — o F que você acreditava ser a causa raiz de seus sentimentos.

Lembre-se de que quanto mais você conseguir neutralizar a descrição do seu fato ativador, mais fácil será para ser capaz de identificar quais das suas interpretações levaram à consequência emocional.

Alguns exemplos:

- Um F neutralizado não é pensar: *Eu vivo com uma pessoa desleixada* quando você chega em casa do trabalho e a louça do café da manhã do seu colega de quarto está empilhada na pia. Em vez disso, seria pensar algo como: *Meu colega de quarto deixou a louça na pia.*
- Um F neutralizado é pensar: *Meu chefe enviou um e-mail para me lembrar de terminar uma tarefa*, e não: *Meu chefe arrogante acha que sou um completo idiota.*
- Um F neutralizado é pensar: *Minha mãe comentou sobre a frequência com que eu telefono para ela*, e não: *Minha mãe disfuncional me fez sentir muita culpa a respeito da frequência com que eu deveria ligar para ela.*

A descrição neutra do fato é uma afirmação objetiva, como se tivesse sido escrita por alguém não vinculado emocionalmente àquela situação.

É difícil, eu sei, mas é possível — e é tão libertador!

Reação (R) e efeito (E)

Você está começando a aprender como separar o fato ativador de sua reação emocional, dedicando tempo a retirar os pensamentos que ficam presos entre eles? Agora que você entendeu o FIC, vamos completar o modelo FICRE com o R e o E:

R = reação (o que você faz depois de sentir a consequência emocional)

E = efeito (o que acontece depois da reação)

Você, assim como eu, gostava daqueles livros da década de 1980 em que o leitor assumia o papel do protagonista da trama e podia fazer suas próprias escolhas? Neles, eu chegaria à beira do abismo e deveria ir para a página 87 se quisesse desafiar o feiticeiro ou para a página 99 se quisesse explorar o castelo.

Ser o dono da história era incrível, não era? (Se não faz ideia do que estou falando, acho que você era mesmo mais descolado do que eu. Mas tudo bem!) De qualquer forma, adivinhe? Sua vida é exatamente como esses livros! *Você* decide como responde a tudo. *Você* decide como seu personagem (você) pode caminhar pela vida. Quando você gerencia seus pensamentos, você acaba determinando os seus resultados.

Os seus pensamentos são responsáveis por criar suas emoções, as suas emoções conduzem seus comportamentos e os seus comportamentos determinam seus resultados. A lógica é, se descobrir como mudar seus pensamentos, você desencadeará uma reação em cadeia que mudará sua vida.

Então, vamos falar sobre a reação de Heather ao comentário feito pela mãe. A interpretação inicial foi de que a observação não era apenas uma crítica, mas, na verdade, um sinal de fracasso pessoal. Esses pensamentos criaram sentimentos de vergonha e raiva dentro dela. Neste momento, estamos prestes a conseguir chegar ao R (reação). Se Heather continuar com sua interpretação inicial, o E (ou seja, o efeito) muito provavelmente não será nem um pouco feliz.

Como tenho certeza de que agora você já pode imaginar, sentimentos positivos provocam comportamentos úteis, enquanto sentimentos negativos levam a comportamentos inúteis. Vamos analisar algumas das possíveis sequências do FICRE de Heather, sem saber como ela escolheu pensar sobre o fato:

Fato ativador (F)	Interpretação (I) (o que Heather pensou)	Consequências emocionais (C) (o que Heather sentiu)	Reação (R) (o que Heather fez)	Efeito (E)
A mamãe fez um comentário sobre as crianças	A crítica de mamãe ao meu comportamento materno significa que sou uma péssima mãe.	Raiva, vergonha	Heather reage com raiva e tem uma discussão intensa com a mãe.	Heather vai embora mais cedo e diz à mãe para nem se preocupar em ligar para ela.
A mamãe fez um comentário sobre as crianças	A mamãe não deveria se meter em assuntos que não lhe dizem respeito.	Aborrecimento	Heather responde à mãe com um comentário passivo-agressivo.	A mãe de Heather fica ofendida, alimenta o conflito e a noite delas é bastante tensa.
A mamãe fez um comentário sobre as crianças	A mamãe está comentando como o estilo materno dela e o meu são diferentes.	Calma, despreocupação	Heather aceita o comentário, segue em frente e serve uma taça de vinho para a mãe.	Heather e sua família passam uma noite agradável juntos.

Os efeitos são o que criamos na nossa vida por meio das nossas reações, que são impulsionadas pelos sentimentos que criamos com nossos pensamentos. Dependendo de como Heather escolhesse receber o comentário da mãe, os efeitos poderiam ser muito diferentes. E delineamos apenas três exemplos possíveis. As opções são diferentes. E delineamos apenas três exemplos possíveis. As opções são infinitas, e todas se referem aos pensamentos de Heather e como ela escolheu responder a eles. E se Heather sentisse raiva e vergonha como no primeiro exemplo e entendesse o que estava acontecendo no seu cérebro? E se ela fosse capaz de nomear a emoção e examinar os pensamentos que estão por trás dela? É quase certo que ela e sua mãe ainda estariam se falando. Se você pensar nisso, o que Heather fez em cada situação provou que sua interpretação é verdadeira. Pense nos seus próprios FICREs — não é assim mesmo que acontece?

Digamos que seu chefe faça um comentário sobre seu trabalho (fato ativador) e você pense: *Sou péssimo nesse trabalho* (interpretação). Esse pensamento gera sentimentos de ansiedade e estresse (consequências emocionais). Se não for verificado, você pode se concentrar demais nesse comentário e na possibilidade de receber mais feedback (reação). Assim, talvez você nem consiga se concentrar o suficiente para melhorar seu desempenho, o que inevitavelmente resultaria na recorrência do feedback negativo que você temia no início (efeito). No fim, o efeito reflete e reforça o seu pensamento reativo e não monitorado.

Por outro lado, e se você se analisar e optar por responder às palavras do seu chefe pensando algo do tipo: *Tenho muito que aprender, posso dar meu máximo e continuar até chegar lá*. Assim é provável que você criasse sentimentos de confiança e poder, seguidos por esforços contínuos para se destacar, fazer perguntas e progredir na carreira. Independentemente de sua atitude mental ser: "Vou descobrir" ou: "Não consigo fazer isso", ela estará diretamente relacionada aos seus resultados.

Vamos ver um exemplo da minha própria vida. Se você é uma pessoa que se sente deslocada em situações sociais — sobretudo quando não conhece muita gente —, estou aqui para dizer que você não está só, porque eu também sou assim. Em situações sociais novas, meu monólogo interior muitas vezes estava cheio de pensamentos como: *Credo, sou tão esquisita*; ou *Credo! Por que saí de casa?*; ou *As pessoas nem gostam de falar comigo mesmo*. Esses pensamentos me faziam sentir ansiosa e desconfortável (e suar), então muitas vezes eu parecia nervosa e desajeitada. Essa atitude fez com que os outros — todos com seu próprio monólogo interior — não estivessem assim tão ansiosos para falar comigo. O resultado natural do meu FICRE só comprovou meu pensamento inicial, o de que as pessoas não procuravam minha companhia. Fascinante, hein?

No fim, tive que me perguntar: *Que pensamento quero ter sobre mim mesma? Que pensamento pode me levar a ter uma ou duas conversas ótimas com alguém quando eu estiver fora de casa?*

Alerta de *spoiler*: era hora de escolher uma nova aventura.

Exercício: o seu dia e o FICRE

Agora você sabe como começamos esses exercícios, certo? Sempre que tiver sentimentos angustiantes ou desconfortáveis (eu sei, eu sei —, mas é aqui que a mudança acontece!), preste atenção ao seu monólogo interior e anote-o. Depois que os seus pensamentos estiverem no papel, preencha a sua própria tabela FICRE.

Fato ativador (F)	Interpretação (I)	Consequên-cias emocio-nais (C)	Reação (R)	Efeito (E)

Faça isso pelo menos uma vez por dia durante a próxima semana. Você terá uma perspectiva totalmente diferente do que está atrapalhando, causando estresse e criando sentimentos como raiva, mágoa e frustração. Algo acontece com nosso cérebro quando vemos o que estamos pensando de um ponto de vista externo e podemos nos conectar com nós mesmos de uma maneira mais objetiva e menos tendenciosa. Assim que fizer isso, você pode até se pegar pensando sobre a situação de uma forma diferente.

Dica: registre a sua emoção logo de cara. Comece sua tabela FICRE pela consequência emocional, depois vá para F e descreva o que aconteceu em termos neutros. Continue com a sua interpretação. A partir daí, você identificará facilmente a reação e o efeito. Para algumas situações, esse processo parecerá simples, mas para outras ele não será tão claro. Entretanto, quanto mais praticar, mais rápido poderá conectar tudo. Você logo vai começar a se sentir mais no comando da sua mente e das suas emoções.

Seja gentil com seu progresso

À medida que vai praticando, observe as tentativas do seu cérebro de tornar esse processo estressante. Ele pode lhe dizer que tudo precisa estar sempre claro para que esse processo seja feito corretamente ou que preencher a tabela é algo importante. Tenha em mente que você ainda está aprendendo e isso não deve ser uma tarefa opressora. Respire e permita-se aprender. Se você começar e continuar o processo e agir em qualquer ritmo que faça sentido, estará fazendo o que é certo.

Somos todos principiantes em tudo o que tentamos pela primeira vez. Demora um pouco até ficarmos bons. Quanto mais você fizer algo, mais fácil será. Em breve, notará que seu cérebro passará por esse processo de forma automática, até mesmo se direcionando intencionalmente aos pensamentos que deseja ter e a criar os sentimentos que deseja sentir.

Desenvolver um forte nível de *insight* e compreensão é a chave para sua jornada rumo a um nível profundo de inteligência emocional. A capacidade de identificar pensamentos problemáticos e dotar suas respostas de intenção consciente é de fato transformadora. Os dias de reações desenfreadas ficarão para trás. E apenas tendo chegado até aqui e estar se comprometendo continuamente consigo mesmo, você já terá iniciado esta jornada.

Pensamentos que surgem do nada

Antes de continuar, devemos reconhecer os momentos em que as emoções estão exacerbadas, mesmo que não tenha havido nenhum fato ativador. Os pensamentos podem surgir do nada e criar grande ansiedade, raiva ou tristeza (e emoções positivas também!). É fácil alimentar esses ataques de emoção intensas, principalmente porque, mesmo nesses momentos, nossos sentimentos são muito reais. Quando isso acontece, seu cérebro pode estar tentando surpreendê-lo com aquilo que você está acostumado a sentir. Além disso, a preocupação com o futuro, os arrependimentos do passado e a ansiedade do imprevisível podem surgir do que parece ser do nada, e podem nos derrotar emocionalmente. Entretanto, assim como os pensamentos que têm um fato ativador claro, se soubermos o que fazer com os pensamentos quando eles aparecerem, poderemos resolvê-los.

Conclusões

- Use o modelo FICRE para conseguir entender quando os seus pensamentos causam sentimentos que impulsionam reações e determinam efeitos;
- Lembre-se de manter o seu fato ativador (F) neutro; imagine que um observador imparcial esteja descrevendo-o;

- Detalhar regularmente suas reações a situações e mudar seus pensamentos sobre elas (usando a tabela FICRE) fará toda a diferença em como você se sente e em como reage à vida.

Sugestão para o diário: quais crenças e pensamentos criam problemas desnecessários na minha vida e como posso começar a mudá-los?

capítulo cinco

AUTOCOMPAIXÃO

Vamos fazer uma pausa. É importante.

Pronto?

A autocompaixão é vital. Tão vital, que não importa quanto tente, você nunca aprenderá a gerenciar seus pensamentos (e sentimentos posteriores) sem ela.

À medida que a consciência dos seus pensamentos aumentar e você prestar mais atenção aos seus sentimentos, seu cérebro terá pensamentos sobre esses pensamentos (metapensamentos, certo?). Seu cérebro chamará seus velhos amigos, o julgamento e a crítica, para comentar automaticamente sobre o que você pensa e sente. Eles vão rotulá-lo como ruim, fraco ou burro por pensar ou sentir-se da maneira que você pensa ou se sente. Eles dirão que as outras pessoas não lutam com seus pensamentos e suas emoções tanto quanto você. E esses metapensamentos podem fazê-lo se sentir ainda pior, e você vai querer desistir.

Não desista. Sabe por quê? Porque ter um relacionamento saudável consigo mesmo vale a pena.

Autocompaixão é tratar a si mesmo como seu melhor amigo e confidente. É construir um relacionamento consigo mesmo baseado em confiança, respeito, aceitação e compreensão. Todos os relacionamentos saudáveis são construídos com base nesses princípios, e seu relacionamento com você mesmo não é exceção. Cada pequena coisa que diz para si pode corroer ou fortalecer esse relacionamento — então não estou exagerando a importância desse conceito.

Temos falado muito sobre nossos pensamentos e sentimentos, de onde eles vêm e como nos afetam. A autocompaixão entra em cena quando decidimos como responder sempre que esses pensamentos e sentimentos surgem, sobretudo os mais difíceis. Podemos decidir o que nosso monólogo interior diz quando pensamos em nossos pensamentos e sentimentos. Temos que decidir se diremos para nós mesmos coisas que vão nos ferir ou nos curar.

Quando surgem pensamentos e sentimentos difíceis, não precisamos somente reprimir os julgamentos e as críticas. Precisamos chamar a autocompaixão para o começo da fila e substituir pensamentos como: *O que há de errado comigo?* ou: *Por que não consigo simplesmente superar isso?* por: *Estou passando por um momento difícil, vou ser gentil comigo mesmo e descobrir como superar isso.*

A pesquisadora Kristin Neff, pioneira e especialista internacional em autocompaixão, afirma que ela é formada por três componentes: gentileza, atenção plena e aceitação.

Primeiro, gentileza. Precisamos mostrar gentileza e cuidado a nós mesmos, não importa o que estejamos pensando, sentindo ou vivenciando. Sim, você pode ter acabado de gritar com alguém e, sim, talvez essa não tenha sido a melhor forma de interação e, sim, é possível que você tenha alguns pensamentos e sentimentos a respeito desse fato. Mas será que culpar-se por isso vai: a) mudar algo; ou b) ajudar de alguma forma? A resposta é um retumbante "não"! Nossos sentimentos criam pensamentos, e esses pensamentos conduzem nosso comportamento. Às vezes erramos o alvo, mas já sabemos que vergonha e culpa não nos levarão a lugar nenhum. Por exemplo, em vez de continuar se punindo por gritar com seu parceiro mais cedo naquele dia, troque intencionalmente o autojulgamento por uma linguagem curativa. Algo do tipo: *Sim, eu gritei. Sou humana.*

Tive um dia difícil e não lidei com isso do melhor jeito. Esse ato não define quem eu sou. Aconteceu, e vou me desculpar e me empenhar em respirar fundo e contar até dez na próxima vez que estiver me sentindo sobrecarregada e agitada.

Segundo, atenção plena — o princípio de nos permitirmos ter qualquer experiência humana sem julgá-la, sem nos preocuparmos com ela ou sem permitir que ela nos controle. Embora possa parecer nebulosa, a atenção plena pode ser tudo, menos isso. Quando você entender a essência dela, saberá que a atenção plena é simplesmente aprender a observar nossa experiência humana com neutralidade e sem ficar preso a ela. A atenção plena cria espaço para nos tornarmos observadores curiosos e acríticos dos pensamentos e das emoções humanas. Isso nos permite perceber a verdade mais profunda de que estamos separados dos nossos pensamentos e sentimentos.

Dois dos meus mantras favoritos de atenção plena são: *Não sou os meus pensamentos, sou apenas quem pensa neles* e *Não sou os meus sentimentos, apenas os experimento.* Incorporar de verdade a atenção plena requer prática, principalmente porque reagimos durante toda a nossa vida, em vez de responder. Para responder, você precisa de tempo para pensar. A atenção plena nos dá esse tempo. Para entender, você precisa estar aberto. A atenção plena nos dá essa abertura. Quando puder observar suas experiências com gentileza e objetividade, seu mundo interior nunca mais será o mesmo.

Terceiro, e talvez o componente mais importante da tríade da autocompaixão, é reconhecer e aceitar nossa humanidade. Neff acredita que nunca estamos sozinhos e todos lutamos com o fato de sermos humanos. A vida é confusa e complicada para todos nós. Como diz o ativista e escritor Glennon Doyle: "A vida é brutal — para todos. Cerca de metade dela é brutal e a outra, bela, o que nos leva a dizer que é 'brutela'. E enquanto a parte bela superar ligeiramente a brutal, tudo vale a pena". Somos todos seres humanos belos e confusos. E quando paramos de nos julgar ou nos criticar por sermos humanos e termos sentimentos humanos complexos, nossa capacidade de compreendê-los e classificá-los se torna muito maior.

Exercício: ferramenta de autocompaixão

Mesmo que você seja um profissional em lidar com pensamentos, alguns pensamentos e sentimentos serão mais difíceis de trabalhar do que outros. Lembre-se de não se julgar quando isso acontecer, pois é fato que às vezes a vida é mais ou menos difícil.

Você vai praticar um exercício simples, elaborado para evitar que você se julgue nesses momentos. Sentimentos e pensamentos precisam ser ouvidos, sejam eles bons ou ruins, certos ou errados, úteis ou inúteis, saudáveis ou não. E você vai aceitar qualquer sentimento e pensamento com uma frase simples:

É compreensível que eu esteja sentindo/pensando

_____ , porque

_____ .

Aqui estão alguns exemplos do meu próprio repertório:

- É compreensível que eu esteja ansiosa com esse processo, porque ele é novo e meu cérebro não tem certeza do que fazer em todas as situações.
- É compreensível que minha mente esteja agitada pensando se as pessoas estavam me julgando naquela reunião/festa/atividade, porque quero que as pessoas tenham uma boa impressão de mim.
- É compreensível que esteja preocupada em dizer "não" a esse convite, porque não quero aborrecer ninguém.

Quando dedicamos tempo a ouvir e reconhecer nossos sentimentos difíceis, nosso cérebro fica muito menos propenso a recuar e a resistir. Quando criamos espaço para todos os nossos pensamentos, com compaixão e atenção, é menos provável que nos sintamos estagnados e venhamos a desistir de nós mesmos.

> Reconheça seus pensamentos e permita que eles sejam ouvidos. Seja compreensivo consigo mesmo. Não só se sentirá mais calmo, como também acessará mais seu cérebro racional. E quando você e seu cérebro racional estão em uma relação amigável, você terá mais prática com pensamentos produtivos e saudáveis, e é por isso que aqui você está em primeiro lugar.

Conclusões

- Seja gentil com você mesmo e evite julgar-se ou criticar-se por pensamentos inúteis ou destrutivos;
- Esteja plenamente atento e permita-se ter pensamentos sem ser arrastado por eles; torne-se um observador da vida e não hostil a ela;
- Lembre-se de que todo mundo tem pensamentos autodestrutivos às vezes. Você não está sozinho.

Sugestão para o diário: como posso ser mais gentil comigo mesmo e ter autocompaixão quando estiver lutando com meus pensamentos?

parte dois

ASSUMA O CONTROLE
DAS SUAS PRÓPRIAS EMOÇÕES

Agora que você sabe até onde seu cérebro pode ir para evitar emoções difíceis por meio de comida, substâncias químicas, defesa, culpa, uso irracional das redes sociais e vários outros comportamentos motivados por emoções, vamos nos aprofundar ainda mais nele.

No final das contas, nossa reatividade faz que nos sintamos pior em longo prazo e não nos traz os resultados que desejamos. Lembra-se da discussão de Heather com a mãe nas férias? Todo aquele tumulto porque não sabemos como conviver com sentimentos desconfortáveis e entendê-los de verdade. Em vez de ficarmos genuinamente curiosos por nós mesmos, fugimos gritando devido ao desconforto emocional.

Você sabe também que isso acontece, pelo menos em parte, porque muitos de nós nunca fomos ensinados ou incentivados a sentir. Todos nós lembramos das reações comuns dos adultos às nossas emoções: "Não fique chateado!"; "Tudo bem, supere isso" — e a minha favorita: "Deixe para lá!". E agora que você é o adulto, você pensa coisas do tipo: *Sou adulto e deveria ser capaz de controlar minhas emoções*; ou *O que há de errado comigo?*; ou *Por que me sinto tão fora de controle emocional?*; ou *Por que não consigo me recompor?*

Sei que me senti assim nos primeiros trinta anos de vida. Apesar de ter me formado em aconselhamento, eu também estava um pouco confusa emocionalmente. Não era em todas as situações e nem o tempo todo, mas era mais do que eu achava que me cabia. Sentimentos de ciúme, mágoa e ofensa eram muito comuns para mim. Eu levava as interações para o lado pessoal com muita frequência. E, ainda por cima, tentava me forçar a sair desses sentimentos, dizendo a mim mesma que estava sendo burra e imatura por tê-los.

Sabendo o que sei agora, posso dizer que não foi a melhor estratégia; mas na época aquela parecia ser a minha única opção. Mesmo que me criticar por causa dos meus sentimentos nunca me tenha feito sentir melhor, eu pensava que, se me fortalecesse e fosse confiante e segura ficaria melhor. Como era de se esperar, esse método não funcionou.

Felizmente, há opções muito melhores do que tentar se sentir bem dizendo a si mesmo que você é de fato ruim. Vamos adiante, pode ser?

capítulo seis

VERGONHA E AUTOVALORIZAÇÃO

Vergonha.

Devido aos meus anos de prática terapêutica, algumas pessoas podem pensar que para mim é superconfortável falar abertamente sobre vergonha. Em minha defesa digo, porém, que a vergonha é tão normal quanto planos para o futuro. Todos nós temos. Mas, ao contrário das nossas tão sonhadas férias, não queremos falar sobre isso porque, bem... temos vergonha. Mas, quanto menos falamos sobre a vergonha, pior fica. Então, não vamos deixar que ela nos engula hoje; vamos trazê-la à luz e olhar para ela com coragem.

A vergonha mora dentro do seu cérebro e sussurra mentiras ao seu inconsciente a respeito do que faz de você um ser humano fundamentalmente indigno. A vergonha diz: "Você é menos importante, menos amável, menos capaz, menos competente e menos significativo do que todos os outros". E às vezes a vergonha é persistente em nos convencer de que precisamos mudar a essência de quem somos para chegar ao status de "bom o suficiente".

No livro *A coragem de ser imperfeito*, Brené Brown escreve: "Vergonha é o sentimento ou a experiência intensamente dolorosa de acreditar que temos falhas e, portanto, somos indignos de amor e pertencimento — algo que vivenciamos, fizemos ou deixamos de fazer nos torna indignos de fazer a conexão [com nós mesmos e com os outros]".

No corpo, a vergonha muitas vezes parece uma sensação quente e tensa que nos inunda da cabeça aos pés. Também pode aparecer como visão em túnel, formigamento nas axilas, nó na garganta ou estômago revirado. A vergonha pode aparecer nas formas mais sorrateiras, vindo do nada e nos oprimindo sem aviso — e às vezes pode vir de fontes surpreendentes. Por exemplo, quando olho para a indústria da autoajuda, vejo muitas tendências não intencionais de gerar vergonha. Talvez isso ocorra com mais frequência com esta pergunta comum: "Quem você quer se tornar?". Embora ela pareça inspiradora e motivacional na superfície, a mensagem subjacente é: "Quem você é agora não é bom o suficiente, e você precisa se tornar alguém ou algo diferente para ser importante".

Mas sua cura e seu crescimento nunca devem implicar tornar-se *outra pessoa*. Eles virão quando você se tornar o seu eu autêntico. O eu que está escondido sob a vergonha, a dor, o medo e a atitude de defesa. Esse processo não implica se tornar outra pessoa, mas tornar-se mais de si mesmo que você tem sido. Embora o crescimento possa implicar mudar como você se apresenta, se expressa e aborda sua vida, você é, sempre foi e sempre será perfeitamente imperfeito. Quem você é não precisa mudar; precisa simplesmente ser revelado.

Exercício: como sinto a vergonha no meu corpo?

Pense em todos os exercícios que fez na parte 1. Agora você vai se concentrar em um sentimento específico em vez de nos sentimentos em geral. Da próxima vez que sentir vergonha, quero que você PARE e PRESTE ATENÇÃO a como sente essa emoção no seu corpo. Um calor na cabeça, um aperto no peito, um formigamento nas axilas? Algo mais? Anote em detalhes onde e como ela aparece.

De onde vem a vergonha?

A vergonha vem da interseção de experiências da infância com mensagens culturais. Ao longo da história, a vergonha tem sido usada para manter as pessoas na linha. A "exposição vergonhosa" era uma tática popular no século XIX e antes dele — pense na berlinda.[1] Hoje em dia, não cumprimos a lei por medo de uma cerimônia de desonra pública. No entanto, passamos a vida tentando evitar a vergonha profunda e provar nosso valor a qualquer preço. Hoje, parece que a cultura capitalista dominante abre caminho para a vergonha ao nos dizer que precisamos *ter* mais, *ser* mais e *fazer* mais antes de podermos ser bons o suficiente. Qualquer mensagem que vejamos e que esteja enraizada na ideologia de que algo fora de nós é o que comprova o nosso valor estabelece as bases para a vergonha. Não estou falando apenas de anúncios.

Lembre-se: a todo momento, mantemos dentro de nós narrativas que nos contaram e nos ensinaram a nosso respeito, quem somos, quem deveríamos ser, quem não somos, quem nossos pais queriam que fôssemos, por que não chegamos lá e por que não somos bons o suficiente. Talvez os adultos o tenham envergonhado aberta ou secretamente durante sua vida ao se perguntarem em voz alta: "Por que estou criando um encrenqueiro?"; ou "O que há de errado com você?"; ou "Por que você não pode ser mais como o(a) [insira aqui o nome do(a) garoto(a) que sempre fez tudo certo]?". Quando crianças, confiamos instintivamente nos nossos pais, quer essa confiança seja conquistada ou não. As crianças também são mais autocentradas e egocêntricas do que os adultos, então acabam pensando que abusos ou maus-tratos são culpa delas. O cérebro das crianças não consegue compreender que os maus-tratos e xingamentos dos adultos não têm nada a ver com elas — isso acontece apenas porque os adultos não são capazes de gerenciar sua própria mente e suas próprias emoções e acabam descontando

---

1   (N. T.) Instrumento de punição medieval.

nelas. Quando, na infância, internalizamos críticas, comparações e rótulos, nosso cérebro absorve essas mensagens e cria crenças negativas que muitas vezes nos acompanham até a idade adulta. E aqui estamos nós.

Nossa vergonha pessoal nos assombra e afeta o modo como interagimos com o mundo. Somos suscetíveis a empresas predatórias que estão dispostas a apostar na chance de que muitas pessoas comprem seus produtos para evitar ou diminuir a vergonha. Em outras palavras, a mídia usa nossa vergonha contra nós e em benefício próprio. *Você precisa deste creme para os olhos porque sua pele naturalmente envelhecida não é boa o suficiente*; ou *Se você não tem tanto dinheiro quanto seu irmão/amigo/vizinho, você fracassou*. Somos constantemente bombardeados com mensagens que nos lembram que quem somos não está à altura das expectativas.

Esse fato, combinado com as mensagens culturais e sociais, nos deixa com a sensação de que talvez tenhamos faltado na aula em que nos ensinaram a ser seres humanos normais e funcionais que não questionavam constantemente se eram ou não bons o bastante. É como se todo mundo tivesse recebido um memorando e nós tivéssemos ficado de fora de alguma forma. E, assim, andamos pelo mundo sentindo que há algo errado conosco — imaginando por que nos sentimos solitários e totalmente indignos de amor. Concluímos que há algo detestável e inferior em nós, porque todos os outros receberam o roteiro de como ser normais, perfeitos e plenos, enquanto ficamos só com pedaços de papel, o que nos deixou estranhos, insatisfatórios e imperfeitos.

Pessoalmente, porém, acho que pessoas estranhas, insatisfatórias e imperfeitas são bonitas porque são reais. E, ei, tenho novidades: o "normal" não existe além da ilusão superficial.

Nossas histórias de vergonha

Porque somos humanos, e os seres humanos são contadores de histórias, quando vivenciamos situações indutoras de vergonha, criamos histórias sobre nós mesmos com base em nossas experiências. Infelizmente, essas histórias geralmente giram em torno das nossas crenças centrais a respeito de nós mesmos e da nossa autoestima, ou da falta dela.

A vergonha é especialista em dar um toque pessoal às nossas experiências:

- A vergonha diz: "Eu sou indigno do amor", em vez de "Eu não me senti amado";
- A vergonha diz: "Eu sou rejeitado", em vez de "Aquela pessoa preferiu alguém diferente";
- A vergonha diz: "Eu sou errado", em vez de "Eu cometi um erro";
- A vergonha diz: "Eu sou um fracassado", em vez de "Eu experienciei um fracasso";
- A vergonha diz: "Eu não sou bom o suficiente", em vez de "Eu poderia ter feito melhor";

Obrigado, vergonha — você é uma preciosidade.

Exercício: desarme o seu "gatilho da vergonha"

Faça uma lista dos três pensamentos mais comuns que despertam em você sentimentos de vergonha. Eles podem se referir ao seu valor, às suas conquistas, à sua amabilidade ou a qualquer outra coisa. Talvez seu gatilho de vergonha seja: *Não sou bom o suficiente*, ou *Sou desprezível*. Todos nós temos um gatilho de vergonha (ou vários) que nos chuta quando já estamos caídos. Pense em até três, e então vamos trabalhar com eles.

Escreva-os em um pedaço de papel e use sua habilidade de neutralização para reduzir a carga emocional de cada afirmação. Como sabemos, assim você começará a diminuir a intensidade delas.

Por exemplo, substitua: *Não tenho o que é preciso* por *Estou lutando para acreditar em mim mesmo;* ou *Isso não é tão fácil quanto pensei que seria.* Outro exemplo pode ser: *Sou um fracasso* para *Não obtive o resultado que queria.* Provavelmente será difícil no começo, então vá com calma. Você vem pensando assim há muito tempo, então criar afirmações para contrariar e desafiar a vergonha não vai ser fácil. Dica: você saberá que foi bem-sucedido neste exercício quando a reação baseada na vergonha deixar de se apossar totalmente do seu cérebro e do seu corpo para se tornar sentimentos gerenciáveis de decepção, mágoa ou outra emoção menos visceral.

As mulheres e a vergonha

Nos últimos anos, trabalhei com um fluxo de mulheres na faixa de 25 a 45 anos que lutavam em especial com problemas de imagem corporal e uma visão odiosa da própria aparência. Há uma longa e complicada história do patriarcado em que o corpo das mulheres é usado como uma arma autodestrutiva. Nossa sociedade fabrica padrões de beleza aos quais as mulheres aprendem a aspirar, o que na verdade as ensina a odiar seu corpo, seu rosto, seu cabelo etc., empurrando-as para produtos e programas infinitos a fim de fazê-las se sentirem mais dignas. Desde a infância, as mulheres recebem mensagens enfatizando sua aparência acima de tantos outros aspectos, o que as mantém em um lugar de inferioridade.

Desfazer esse problema requer um trabalho de pensamento imenso e profundo. Mas, por enquanto, quer você se identifique como um cara, uma garota ou uma pessoa não binária, quero que leia isto e saiba que é verdade: nem o tamanho nem a forma do seu corpo é uma questão objetivamente moral. A aparência do seu corpo não é uma indicação de que você é bom, ruim, superior ou inferior. O que você come ou deixa de comer não é uma medida do seu valor; suas escolhas alimentares não o tornam pior ou melhor do que outras pessoas. Seu corpo nunca foi e nunca será uma parte de você que é, em essência, motivo de vergonha. Você não nasceu para odiar seu corpo; você foi ensinado a ter vergonha dele.

Cultivando a vergonha

Como se não fosse o bastante, a vergonha também gera problemas nos relacionamentos. Quando estamos lutando contra a vergonha, inconscientemente acreditamos que como os outros nos tratam é um indicativo de quanto somos dignos de amor. Você já pensou consigo mesmo, em segredo, que se o seu parceiro ou o seu melhor amigo realmente o amassem, eles se esforçariam por planejar uma grande festa de aniversário para você? Afinal, você está insinuando isso há meses e *sempre* faz tudo por eles. Você raciocina que, se eles o amassem de verdade, fariam algo superespecial para o seu aniversário. E quando eles o levam para um jantar sem graça no restaurante de sempre, você fica furioso, decepcionado e magoado.

Quando penso em espirais de vergonha, sempre dou um salto no tempo para um período da minha vida em que fazer planos com um certo grupo de amigos quase sempre me levaria a uma espiral de autoabuso emocional. Na minha cabeça, parecia que sempre era eu quem começava a esboçar os planos e me esforçava para manter viva a nossa amizade. Entretanto, como parecia que eu era a única fazendo esforço, quando tentava planejar algo, meu cérebro ficava reproduzindo um diálogo interior mais ou menos assim: *Por que eles não se importam em sair comigo da mesma forma que me importo com eles? Eles não me valorizam, ou será que não gostam de mim tanto quanto pensei que gostassem? Talvez eles finalmente tenham percebido quanto sou dispensável e não liguem para mim... E o fato de ser eu quem faz contato só confirma isso. Sou só uma rejeitada. Não faço parte do grupo deles e provavelmente nunca farei.*

Nossa! Eu sei. Mas essa é a realidade — é o que fazemos a nós mesmos quando os atos dos outros (ou nossa percepção deles) são a principal medida da nossa autoestima. E é também exatamente por isso que precisamos dar um passo para trás, entender a diferença entre as nossas expectativas *versus* realidade e refletir abertamente sobre o papel que a vergonha desempenha na nossa vida.

Sua vez. Pense em algo que não aconteceu do jeito que você esperava e como, naquele momento, considerou que aquilo dizia respeito a quem você realmente era por dentro. Todos nós fazemos isso, então para onde vamos a partir daqui?

Autoaceitação

A diferença entre aqueles que sempre lutam contra a vergonha e aqueles que parecem flutuar com mais facilidade acima dela começa realmente com as nossas crenças individuais do nosso valor inerente. É isso. Aqueles que parecem não padecer de vergonha chegaram à crença de que são dignos porque nasceram; eles não precisam fazer nada para provar ou conquistar a dignidade.

Eu realmente costumava acreditar que sentia muito mais vergonha do que as outras pessoas porque eu tinha mais imperfeições das quais me envergonhar, mas aos poucos fui entendendo que todos nós temos vergonha, e que se pudermos falar abertamente a respeito dela, nomeá-la e aceitá-la, não há razão para sermos ameaçados por ela. A própria natureza da vergonha leva ao isolamento, então quando podemos jogar luz sobre ela e normalizá-la, ela meio que se dissipa.

Veja, aqueles que vivem sem sentir vergonha fizeram as pazes com suas imperfeições e se permitem viver como seres perfeitamente imperfeitos. Eles deixaram de tentar ser quem deveriam ser e decidiram ser quem são. Sabem que não têm tudo porque, bem, são humanos, então é claro que não terão. É preciso só isto: a coragem de se permitir ser imperfeito. Esta jornada em que estamos não é para tentarmos ser perfeitos e assim não sentirmos vergonha, é para nos aceitarmos como somos e nos amarmos a cada passo da jornada. Veremos a importância de um senso de amor-próprio e pertencimento no capítulo 13. Até lá, seja gentil com você mesmo.

Conclusões

- A vergonha provém da baixa autoestima e da crença de que você não é digno de aceitação, amor ou sucesso;
- O trabalho de cura é mudar *como* você é, e não *quem* você é. Você já é suficiente;
- Reconheça quando a vergonha desencadeia expectativas nada saudáveis a respeito dos outros e de você mesmo;
- A coisa mais profunda que podemos fazer é aceitar, amar, apreciar e reconhecermo-nos como os seres perfeitamente imperfeitos que somos.

Sugestão para o diário: como minha vida mudaria se eu pudesse me amar e me aceitar, mesmo com as imperfeições e tudo mais?

capítulo sete

ANSIEDADE E ESTRESSE

Como qualquer emoção humana, a ansiedade não é nem certa nem errada, nem boa nem ruim. Todos nós nos sentimos ansiosos às vezes. No entanto, a ansiedade torna-se um problema quando for duradoura e intensa; e também pode causar estragos se estiver sempre sussurrando sob a superfície, fazendo você se sentir um pouco agitado e nervoso, independentemente da circunstância.

É possível que, se você encontrar eco nos conceitos deste livro, a ansiedade, assim como a vergonha, seja uma velha inimiga sua. Enquanto isso, vamos olhar mais de perto o que é a ansiedade.

Na maior parte das vezes, a ansiedade é criada por nossos pensamentos, como qualquer outra emoção. Em *A mente vencendo o humor*, os doutores Dennis Greenberger e Christine Padesky mergulham nos dois tipos mais comuns de pessoas ansiosas: os *preocupados* e os *perfeccionistas*.

Os preocupados

Como era de esperar, os preocupados se preocupam. Mas não é a velha preocupação causada por um motivo específico. Os preocupados tendem a se preocupar com coisas pequenas e também com as grandes. Eles se preocupam com as possibilidades reais e com acidentes particularmente estranhos, cuja probabilidade de acontecer é baixíssima. Também sofrem com o inesperado, o terrível e, claro, aquilo que é possível. Eles se preocupam em chegar tarde demais ou ainda em chegar cedo demais. Eles se preocupam em ficar sem mantimentos, em comprar em excesso, em sair do emprego em que está, em começar em um emprego novo, com o que pode acontecer quando viajarem e o que farão se o mundo acabar. Não é exatamente a ansiedade da sua mãe (ou talvez seja). Os preocupados têm um sentimento profundo e constante de que algo está prestes a dar errado e de que a calamidade está à espreita ao virar a próxima esquina.

Em defesa deles, essa preocupação se baseia em um elemento de autopreservação. Muitas vezes, os preocupados acreditam que sua ansiedade impedirá que coisas ruins aconteçam, já que o resultado da sua preocupação é o planejamento, a preparação e a cautela em excesso. Isso poderia ser, em parte, correto. (Mas não é nada útil para o estado mental e emocional deles.)

O cérebro inconsciente dos preocupados também acredita que coisas terríveis só acontecem quando menos se espera; portanto, se puderem prever todos os desastres, eles não acontecerão. Tecnicamente, se você olhar para a vida deles a partir dessa perspectiva, a maioria das coisas terríveis, se não todas, pelas quais eles perderam o sono não aconteceram. O cérebro deles acredita que essa atitude deve estar funcionando; mas é uma correlação muito frágil na melhor das hipóteses. Na verdade, eles estão em uma rotina cíclica de pensamento-sentimento que não salva ninguém, sobretudo eles mesmos.

Os perfeccionistas

Os perfeccionistas, por outro lado, estão envolvidos em um tipo totalmente diferente de ansiedade. Muitas vezes, o cérebro perfeccionista acredita que o mundo interior e exterior deve ser impecável e seu trabalho é deixar todos ao seu redor felizes e completamente satisfeitos.

Eles colocam uma pressão tremenda sobre si mesmos para parecer "completos" e fazer tudo perfeitamente certo. Essa mentalidade é essencialmente uma pressão pelo merecimento. *Se eu conseguir/fizer/agradar/aperfeiçoar/realizar mais... então não precisarei ficar ansioso. Até que enfim vou me sentir bem comigo mesmo.*

Os perfeccionistas tendem a se comprometer de forma excessiva, estabelecem limites pouco saudáveis (o que abordaremos em mais detalhes no capítulo 17) e também tentam ser tudo para todos; eles querem se sentir úteis e necessários, o que não é algo ruim em si. No entanto, a ansiedade perfeccionista é costumeiramente impulsionada por um profundo medo de ter pouco mérito, e os perfeccionistas tendem a acreditar que não serão amados se não forem perfeitos.

Esse nível muito alto de expectativa costuma fazer com que os perfeccionistas adiem seus sonhos, seus objetivos e também seus atos. A agonia de imaginar o que pode significar se falharem ou então cometerem um erro pode ser paralisante para eles. Esse tipo de ansiedade não apenas cobra um preço emocional, mas literalmente impede muitas pessoas de se dedicarem a descobrir o seu eu mais autêntico.

O perfeccionista também é conhecido por ser produtivo e conseguir realizar muito, mas o faz enquanto nada, completamente exausto, em um rio de dúvidas, pensando durante todo o trajeto: *Só preciso fazer um pouco mais.*

Se, neste momento, você está pensando consigo mesmo: *Não, Julia, eu não sou perfeccionista porque já sei que nada do que faço é bom o suficiente.* Bem, meu amigo, eu odeio dizer isto, porém esse é exatamente o hino do perfeccionista. Os perfeccionistas *nunca* acham que são perfeitos, mas sempre têm a versão perfeita de si mesmos como seu objetivo final, ou seja, *Quando for perfeito, finalmente serei digno o suficiente.*

Exercício: crie pensamentos saudáveis

A seguir você encontrará frases que poderá utilizar para se amparar quando perceber que sentimentos de preocupação, ansiedade ou estresse estão começando a permear sua mente. Quando isso acontecer, escolha duas ou três frases e repita-as para si mesmo. Elas servirão como lembretes saudáveis de que você precisa estar mais presente, mais ancorado e disposto a aceitar mais. Quando encontrar algumas que funcionem para você, anote-as e tenha-as por perto. Um pedaço de papel no bolso, um *post-it* no espelho ou a tela inicial do seu celular são lugares perfeitos para guardá-las. Quando você se pegar pensando nelas intencionalmente porque elas fazem você se sentir melhor, considere isso um progresso.

Dezenove pensamentos saudáveis:

- Eu já lidei com situações parecidas e fiquei bem;
- Preciso dar um jeito, mas não tenho que fazê-lo com perfeição;
- Não tenho que fazer tudo sozinho; posso pedir ajuda;
- Isso só vai durar um pouco mais. Posso lidar com isso;
- Esta batalha é temporária;
- A ansiedade é desconfortável, mas não vai me matar;
- A preocupação não muda nada; ela só me estressa e desperdiça meu tempo;
- Eu não preciso fazer tudo certo; às vezes o suficientemente bom é bom o bastante;
- Se eu evitar os fatos, minha ansiedade vai piorar. Se eu agir apesar de estar com medo, vou crescer;
- Um pouco de ansiedade é normal;
- As coisas não precisam ser do meu jeito para eu me sentir bem;

- Eu posso fazer coisas difíceis. Já fiz antes e posso fazer de novo;
- Agora, neste momento, estou bem;
- Esta preocupação de agora será irrelevante na semana que vem ou no mês que vem;
- Isto também vai passar;
- Estou em segurança agora;
- Sou bom o suficiente mesmo quando não faço tudo o que os outros esperam que eu faça;
- Este sentimento é apenas uma sensação física. Vai passar;
- Meus pensamentos criam meu desconforto.

A ilusão do controle

O controle e as tentativas de alcançá-lo estão no centro da ansiedade e do estresse. A ansiedade é uma reiteração do medo. Ela se manifesta por meio de sentimentos provocados pela falta de controle e pela incerteza.

Nosso cérebro nos diz que o jeito de diminuir nossa ansiedade é estar (ou pensar que estamos) mais no controle. Se pudermos ter certeza absoluta do que está acontecendo e do que vai acontecer, então não haverá nada a temer. Pelo menos é assim que a ansiedade gosta que você pense.

Tentar controlar os inúmeros aspectos da vida é como o tradicional jogo "bata na toupeira": no segundo em que você bate na última toupeira e acha que deu tudo certo, outra toupeira sobe. E mais outra. E mais três. Você nunca vai relaxar, e vai bater até o dia do juízo final. Não tem fim, nem solução, nem um objetivo viável — é apenas um jogo aparentemente sem sentido e que nem é tão divertido quanto você achava que era.

Você já notou que quando está se sentindo estressado porque não controla aspectos importantes da sua vida (ou seja, finanças, relacionamento, trabalho), você tenta controlar demais as coisas menores, que não têm nada a ver com a origem real do estresse? No meu caso, é a minha casa. Quando estou me sentindo sobrecarregada ou fora do controle da minha vida, compenso limpando com um desespero incomparável tudo o que está dentro dos limites da minha casa. Talvez no seu caso seja o planejar de forma excessiva, criar um novo sistema de código de cores para a sua agenda ou verificar duas ou três vezes tudo o que você faz.

Agora é hora de eu te contar um segredinho. *O controle não existe.* É uma ilusão; o controle total não pode ser alcançado. Nunca. De forma alguma. Assim como no "bata na toupeira", podemos obter uma pitada de controle por um instante, mas, no momento em que acreditarmos que finalmente o alcançamos, aparecerá a próxima toupeira. Quanto mais lutarmos desesperadamente pelo controle, mais fora de alcance ele ficará.

Exercício: como desfazer expectativas inúteis ou altas

Se você está se sentindo derrotado com a revelação de que o controle não existe, não desista de mim ainda. Há uma diferença entre estar no controle e estar no comando. Vamos desfazer as expectativas inúteis que você tem sobre si mesmo, para que possa assumir o controle da sua mente e das suas emoções quando sentir que o jogo de bater na toupeira nunca terminará.

Reserve alguns minutos para refletir sobre o seguinte:

1. Que expectativas inúteis você tem sobre si mesmo que levam a sentimentos de frustração e derrota?

2. Quem mais em sua vida tem grandes expectativas sobre você?

3. Com que frequência você sente que está falhando em ser um bom pai, parceiro, funcionário, chefe ou amigo?

4. Como você fala consigo mesmo quando não atende à expectativa que estabeleceu? Você é gentil ou cruel? Você se perdoa ou é intransigente?

5. As expectativas que estabelece para si mesmo fazem de você uma pessoa melhor? Se sim, como? Se não, como se sente no final da maioria dos dias?

Você já parou para pensar de onde vêm as expectativas que tem sobre si mesmo? Pense nisso. É, isso mesmo — elas são literalmente inventadas. Não há nenhuma regra divina ou escrita proclamando quanto você deve dar, fazer, sacrificar, alcançar ou realizar em um dia para riscar um X em todos os quadradinhos "bom o suficiente". Seus padrões inatingíveis são, de fato, arbitrários, assim como a surra mental que você dá em si mesmo quando não os alcança.

A solução? Defina novos padrões que você é capaz de alcançar e cumpra-os. Comprometa-se com menos, aceite menos, concorde com menos e, pelo amor de Deus, se culpe menos. E já que estamos aqui, vamos falar sobre como isso também se aplica às expectativas injustas que temos não apenas sobre nós mesmos, mas também sobre os outros?

Isso mesmo. Os outros. Você pode estar pensando: *Não, Julia, sou muito mais duro comigo mesmo do que com os outros.* Nesse caso, tenho um desafio para você. Faça uma lista mental (ou física) das pessoas de que você guarda ressentimento por qualquer motivo. Quem o decepcionou recentemente? Esses sentimentos, na essência, estão provavelmente ligados ao fato de suas expectativas sobre essa pessoa ou esse relacionamento não terem sido atendidas.

Por muito tempo, acreditei que minhas expectativas irreais se aplicavam apenas a mim mesma. Estudante de longa data de como ser dura comigo mesma, eu acreditava que estava falhando na maioria das coisas. Culpada por não fazer o suficiente para minha família, por não estar em casa o suficiente com meus filhos, por não interagir o suficiente com minha comunidade on-line, eu estava crivada de uma ansiedade perfeccionista que não parava nunca e eu pensava que ela terminava aí. Mas um dia, enquanto eu olhava para o meu celular, frustrada com mais uma pessoa que me decepcionara, percebi quanto ressentimento eu estava guardando de outras pessoas devido apenas às expectativas que eu tinha delas. Foi então que percebi que era hora de me libertar.

E como não há tempo melhor que o presente, vamos mergulhar nisso. Dedique um minuto a pensar em todas as expectativas que tem sobre si mesmo; concentre-se naquelas que aparentemente você nunca atende. Depois de fazer essa lista em sua mente, dedique mais um minuto a imaginar como seria baixar essas expectativas para que você possa realmente alcançá-las. Ao fazer isso, a própria ideia de baixar as expectativas pode o deixar inquieto. Eu entendo. É o seguinte: outra coisa que fomos culturalmente moldados a fazer é criar expectativas muito altas para nós mesmos, que muitas vezes são elaboradas para serem impossíveis de cumprir. Além disso, se você for honesto consigo mesmo, elas também são alvos móveis. Não há nada de errado em diminuir suas expectativas. O ditado "Go big or go home" [dê seu máximo ou desista] não é tão útil e nem tão sustentável. Então, que tal mudarmos para: "Dê um pouco de si e vá melhorando e torne-se viável e sustentável". Não é tão sedutor, mas é muito mais útil.

Em seguida, pense em todos os ressentimentos que está carregando das pessoas da sua vida. Visualize-se removendo todas e quaisquer expectativas que tenha sobre os outros e que eles não podem atender (porque eles provavelmente nem têm ciência delas). Faça isso. Baixe suas expectativas. Deixe-as partirem. Crie expectativas realistas e flexíveis para você e para os outros.

Confiança

Então, se nem o controle nem as grandes expectativas são a solução para fazer você se sentir mais calmo, estável e em paz, o que vai fazer? A realidade está enraizada em outra virtude aparentemente básica que temos que dar a nós mesmos. É algo tão simples que muitas vezes a damos aos outros e esquecemos completamente que também a merecemos.

Confiança.

O antídoto para a ansiedade é a confiança. Confie em que, não importa o que aconteça, você vai resolver. Confie em que você pode lidar com o que a vida lhe der. Confie em si mesmo para tratar das coisas difíceis. Confie em que, mesmo quando você não estiver bem, você descobrirá uma maneira de voltar a ficar bem. Confie em que, quando cair, você vai se levantar em vez de se criticar. Todos nós fracassamos na vida.

Confiança não é jogar a cautela ao vento e ser irresponsável, diga-se de passagem. Confiança é encontrar um equilíbrio entre responsabilidade, racionalidade e o inverso. Se você acredita que algo terrível vai acontecer e que não será capaz de lidar com isso, vai se sentir vulnerável e perder o controle. Quando você confia que pode lidar com a maioria das situações, a ansiedade não tem para onde ir. Confiança não é planejar sua rota de fuga até o enésimo grau; é acreditar que sua força interior dará um jeito.

Como a ansiedade é sentida no corpo?

Embora a ansiedade quase sempre comece com seus pensamentos — como qualquer outra emoção —, ela pode se manifestar de várias formas físicas. Já falamos brevemente sobre algumas das sensações fisiológicas da ansiedade, mas vamos revê-las. A ansiedade pode aparecer na forma de coração acelerado, respiração curta, garganta apertada, aperto no peito, manchas na visão, tontura, mãos úmidas, sudorese ou aquela instabilidade no intestino. Como é a ansiedade para você? Dedicar um tempo para entender sua resposta fisiológica à ansiedade talvez seja uma das coisas mais úteis que você pode fazer por si mesmo. Entendê-la não apenas o ajudará a diminuir a ansiedade naquele momento, mas também o ajudará a entender a(s) sua(s) fonte(s). Quando você conhecer os seus gatilhos, poderá gerenciá-los de forma adequada e preventiva. Continue refletindo.

Como sintonizar sua mente racional

Como sabe, quando você é movido pela ansiedade, seu cérebro está no modo de sobrevivência e reage dessa forma. Seu lado emocional está no comando enquanto seu lado racional está em segundo plano. Quando não é movido pela ansiedade, você consegue pensar em soluções práticas para o problema em questão, certo? Mas, quando está sobrecarregado com uma enxurrada de emoções no corpo, é muito mais difícil fazê-lo.

Quando sentir isso acontecer, é fundamental que você diminua a ansiedade. Chegar em um estado mais calmo e estável ajudará seu lado emocional a ficar em segundo plano e permitirá ao seu lado racional assumir o controle da situação. O primeiro passo é reduzir a experiência física da ansiedade. Não há jeito de desligá-la imediatamente, mas você pode dispersar a tensão interna envolvendo seu corpo e sua mente em formas alternativas.

I. Respirações profundas

É rápido e simples. Mais oxigênio no cérebro aumenta o fluxo sanguíneo e melhora o funcionamento interno. Quando você está estressado e ansioso, tudo fica tenso sem que perceba. Com respirações profundas, você pode chegar a um estado natural de mais calma. Ao adotar essa estratégia, faça respirações abdominais profundas e concentre-se na expiração. Ao expelir o ar, imagine que você está eliminando o estresse e a tensão. Dica: se você começar a sentir tontura, pode estar se esforçando demais.

Muitas vezes, você começará a se sentir mais calmo depois de apenas algumas respirações. Quando você sentir essa estabilidade física, terá renovado o acesso à sua mente racional. Assim, você estará muito mais bem preparado para lidar com o que está causando ansiedade — algo que você não pode fazer quando o centro emocional do seu cérebro acredita que precisa lutar pela vida.

No mínimo, comece a respirar profundamente quando estiver enfrentando uma emoção difícil. É o primeiro passo para acessar sua mente racional e com certeza será bom para você.

2. Dê uma volta

Outra forma de dissipar a tensão e a emoção é dar uma volta. Não estou falando de um treino de alta intensidade de duas horas na academia (mas tudo bem, se você tiver tempo); uma corrida pelo bairro serve. Fazer uma caminhada rápida é outra maneira de aumentar o fluxo de oxigênio e a circulação de sangue no cérebro e no corpo. Quando movimentamos nosso corpo, substâncias químicas naturais que estimulam o bem-estar e a calma, chamadas endorfinas, são liberadas.

Eu me lembro de quando estava escrevendo minha tese de pós-graduação. Em várias noites, pensei que estava no fim das minhas forças. Eu queria jogar meu computador pela janela do nosso apartamento no segundo andar porque estava muito frustrada com o meu lento e doloroso progresso no trabalho de pesquisa de 120 páginas em que eu estava trabalhando havia um ano. Felizmente, meu marido me conhecia bem o suficiente para (com firmeza, e amor) dizer: "Coloque seu tênis e caia fora daqui".

Depois de alguns protestos alimentados pelo estresse, ele — como sempre acontecia — vencia e eu saía porta afora. Sempre funcionava: toda vez que eu fazia um passeio de dez minutos pelo bairro, eu retornava dizendo: "O.k., estou melhor, vamos fazer isso". E então voltava a escrever. Dica: para tornar essa redefinição emocional ainda mais eficaz, telefone para um amigo (supersolidário) enquanto estiver caminhando. Falar o que e como você está se sentindo é um recurso poderoso — apenas lembre-se de retribuir o favor para que seus amigos não se sintam como um depósito de lixo emocional.

3. Exercício simples com as mãos

Um exercício de atenção plena que você pode fazer como uma forma suave de auto-hipnose é "seguir o movimento da mão". Curve a mão levemente em formato de concha, mantendo os quatro dedos juntos. Esfregue a ponta do polegar lentamente para frente e para trás na ponta dos dedos enquanto observa o movimento. Observe seu polegar se movendo ao longo das saliências dos dedos. Observe tudo o que sente — os sulcos, a textura, a cor da sua pele. Este simples exercício de aterramento tira você da sua mente e o conecta com seu corpo, seus sentidos e o momento presente. Cronometre de trinta a sessenta segundos. Seu cérebro se acalmará automaticamente à medida que ele se estabiliza e interrompe as espirais de pensamento, preocupação, medo e ansiedade que você pode estar vivenciando.

4. Acalme seu cérebro

Por fim — e este é o meu favorito porque é meio bobo —, tente se pendurar de cabeça para baixo! Uma barra fixa ou barras paralelas são perfeitas para isso. Você também pode simular esse movimento ficando de pé, com os pés afastados na largura do quadril, e dobrando-se para que sua cabeça fique pendurada entre as pernas. Pode parecer um truque engraçado, mas ficar de cabeça para baixo pode ter um grande impacto no seu estado emocional. Traz sangue e oxigênio extra para o cérebro, o que gera um efeito calmante natural. Quando ficar assim por um minuto ou dois, você se sentirá mais relaxado, pronto para o que der e vier e terá ideias mais claras. Dica: não se esqueça de se levantar lentamente pelo lado direito caso sinta tontura.

Encontre conforto no desconforto

Tentar evitar situações que provocam ansiedade pode parecer a coisa mais inteligente a fazer sempre que você sentir aquela pontada de ansiedade na barriga, mas, por mais tentador que seja, isso não ajudará em longo prazo. Só atrasará o inevitável. Embora seu cérebro primitivo goste de se sentir seguro, confortável e de conservar energia, é muito difícil progredir e crescer se você continuar se isolando para evitar o desconforto.

Esforçar-se para lidar com situações novas e indutoras de ansie-dade (de leves a moderadas) regularmente o ajudará a retrabalhar partes do seu cérebro. Você pode não se sentir bem, mas quando age assim, está mostrando para o seu cérebro que pode lidar com os desafios sem se machucar. Os sinais de perigo que o cérebro está enviando vão diminuir quando ele perceber que a ameaça que está sentindo não é tão iminente quanto pensava que era: começar um projeto pessoal, fazer uma apresentação no trabalho ou falar sobre algo que é importante para você não são o fim do mundo.

Tenha em mente quão estressante é a situação que provoca pensamentos de ansiedade enquanto você está nela. Muito estresse de uma vez pode não dar tempo suficiente para o seu cérebro se adaptar e pode piorar as coisas. Por exemplo, você pode não querer investir milhões em um negócio de joias logo de cara, mas uma loja de artesanatos pode ser um bom jeito de começar. Se você se sentir desconfortável em falar em público, não vá logo liderar o próximo evento para toda a empresa — talvez possa começar se voluntariando para ser o líder da próxima pequena reunião de equipe. Encontre conforto no desconforto dando um passo pequeno de cada vez.

Desafiar-nos a lidar com experiências desconfortáveis e reco-nhecer que não estamos totalmente no controle sinaliza para o cérebro que é possível lidar com o que a vida nos dá. O psiquiatra sul-africano Joseph Wolpe chamou esse processo de "dessensibili-zação sistemática". Quando você o faz, está se dessensibilizando daquilo que mais teme — de uma forma sistematizada.

Reconhecer a ansiedade, ter curiosidade a respeito dela e estar com ela é um passo difícil, mas necessário, no processo de tomar o controle da sua própria vida. Não é preciso se envergonhar ou se criticar por ser um ser humano normal que não está perfeitamente calmo o tempo todo. Aprender a conviver com o desconforto é o principal jeito de construir uma vida rica, gratificante e colorida. Haverá momentos em que será mais fácil falar do que fazer, mas vale a pena fazer o que é difícil porque é assim que você supera a estagnação.

À medida que provar para si mesmo que pode avançar pouco a pouco, você criará um belo ciclo de feedback pessoal, tornando mais fácil confiar em si diante dos obstáculos e dos desafios que enfrentará pelo caminho.

Conclusões

- A ansiedade e o estresse geralmente vêm da necessidade ultrapassada do cérebro de "pertencer" e "se encaixar";
- O controle é uma ilusão;
- Confiar em si mesmo e na sua capacidade de enfrentar desafios é o antídoto para o estresse e a ansiedade;
- Pare de evitar situações e experiências que provocam ansiedade; em vez disso, enfrente-as dando um passo de cada vez.

Sugestão para o diário: em quais áreas da minha vida posso aceitar o desconforto como uma oportunidade de aprender, crescer e experimentar?

Capítulo oito
DESMOTIVAÇÃO E ESTAGNAÇÃO

Quer você esteja voltando a estudar, mudando de carreira, enfrentando a gigantesca pilha de roupas sujas, começando um negócio, terminando aquele livro que você começou há seis meses, programando fazer trinta minutos de exercício diariamente ou retornando ao mundo do namoro depois de um rompimento, a motivação é uma fera traiçoeira. Como começar algo e continuar forte naquilo? Como encontrar motivação e energia para começar, continuar e não desistir quando a realidade é uma bosta e a emoção de chegar ao seu objetivo é embaçada pelas horas de trabalho mundano e muitas vezes repetitivo necessário para chegar lá?

Eu costumava pensar em pessoas que estavam sempre motivadas e produtivas como seres sobre-humanos que evoluíram de maneiras que eu nem podia imaginar. Você conhece gente assim. São aqueles que completam a lista de afazeres, fazem muitas promessas e cumprem todas elas e sempre parecem ter um objetivo em mente. Eu acreditava que eles tinham um gene que eu não tinha, e que eu era apenas uma das infelizes que tinha, isso sim, um gene que causava surtos de motivação seguidos por uma série de dúvidas e uma tendência a evitar tudo.

O fato é que eu estava errada. Essas pessoas tão evoluídas não nascem assim e não acordam naturalmente motivadas e cheias de entusiasmo. Às vezes, elas também acordam com o desejo ardente de apertar o botão de soneca do despertador pelas quatro horas seguintes. Entretanto, elas têm um segredo. Quer saber? Elas não esperam *ficar motivadas*; elas *se motivam*.

Pessoas estáveis não acreditam na mentira de que a motivação deve preceder o trabalho. Elas ultrapassam o cérebro primitivo, que lança as desculpas de sempre, e simplesmente começam. Elas escolhem seus pensamentos de modo intencional para criar sentimentos que conduzam suas ações e para obter os resultados desejados. Em outras palavras, elas se concentram no que querem, ignoram a parte do cérebro que quer conservar energia caso um desastre natural aconteça e fazem o que precisam fazer. As pessoas que conseguem completar suas tarefas também têm cérebros que não se cansam de inventar desculpas, que as incentivam a ficar no sofá e assistir à Netflix, como você e eu. As pessoas estáveis apenas aprenderam a redirecionar seus pensamentos para a alternativa: *Não vou conseguir o que quero sentado aqui sem fazer nada, então é melhor levantar o traseiro e seguir em frente.*

Eu também esperava que houvesse um elixir mágico de motivação (o que chega mais próximo disso é o Red Bull, mas já ouvi falar que pode fazer mal, então está fora). Se acabei com sua ilusão, vou compensar compartilhando o lado positivo disso: se outras pessoas com cérebro parecido com o seu aprenderem a redirecionar os pensamentos, então você também pode.

Estagnado nos pensamentos

O cérebro humano está preparado para ser preguiçoso *e* para crescer. É uma contradição, mas o ser humano também não é? Você já sabe que a parte primitiva do seu cérebro quer que você faça o mínimo possível, assim economiza energia caso seu acampamento seja invadido por um bando de leões famintos. Por outro lado, a parte mais sofisticada e altamente desenvolvida do seu cérebro quer mais do que apenas estar vivo. Essa parte do seu cérebro quer significado, propósito, criatividade e um sentimento de amor e pertencimento; ela se ilumina quando você aprende, cresce, experimenta, cria, se conecta e contribui — levando-o a uma existência mais rica e compensadora.

Se você não estiver gerenciando sua mente, quando sua vontade de se dedicar a atividades criativas e ao crescimento pessoal der o primeiro impulso, sua determinação inicial desaparecerá depois de um tempo. É como se seu cérebro primitivo aparecesse com desculpas esfarrapadas e seu cérebro evoluído ainda não tivesse desvendado o truque dele. Soa familiar?

Quando isso acontece, é como se você estivesse acelerando e freando ao mesmo tempo enquanto conduz a sua própria vida. Estamos gastando energia para seguir em frente, mas continuamos parando, e não conseguimos ir muito longe.

Então, vamos tirar o pé do freio.

Saia da sua mente e entre na sua vida

Primeiro, o mais importante: pare de ouvir seus sentimentos. É isso mesmo. Pode parecer uma contradição em relação aos primeiros capítulos e exercícios deste livro, mas vou explicar. Há uma diferença entre processar seus sentimentos para obter compreensão e fazer dos seus sentimentos a base de sua tomada de decisão (o que os seres humanos fazem o tempo todo). Quando digo para parar de ouvir seus sentimentos, quero dizer que é hora de reconhecer que eles nem sempre são uma interpretação precisa do ambiente e da experiência. E, a propósito, é o que você está aprendendo a fazer.

Sabe como é, às vezes seus sentimentos mentem para você e, no fundo, não trabalham a seu favor. E como a maioria de seus sentimentos vem dos pensamentos — que são histórias subjetivas baseadas nas suas percepções —, quando seus sentimentos dizem que você não está com vontade de fazer, de crescer, de agir, de ser etc. como você pode aceitar a palavra deles? Portanto, se você está sempre se perguntando se *está com vontade* de digitar aquela proposta de 52 páginas ou relaxar no sofá, nove em cada dez vezes seus sentimentos o fariam ficar no sofá navegando no celular.

O que faz com isso? Você muda a pergunta. Em vez de dar a palavra final aos seus sentimentos perguntando o que *tem vontade* de fazer, você vai se perguntar algo completamente diferente: "O que me favorece?". Viu como esse ajuste muda tudo? É muito mais difícil para o seu cérebro dizer para você se sentar e ficar no celular quando você faz essa pergunta porque, bem, quando navegar no celular o favorece? E se você for honesto consigo mesmo a respeito de qual é a resposta certa para a nova pergunta, aquilo que o levará adiante, que o tornará mais saudável e o deixará um passo mais perto de alcançar seus objetivos e sonhos vencerá sempre.

Encontre o seu porquê

Uma vez que você tenha saído dos seus sentimentos, é importante se conectar regularmente com todas as razões pelas quais você está tentando fazer x, y ou z. Por que x é importante para você? Por que y é a sua "praia"? Por que você quer fazer z? O que tudo isso vai mudar para você e sua vida? Mudar a sua relação com os seus objetivos — principalmente aqueles em que está estagnado — é tirá-los da sua lista de tarefas tradicional e incorporá-los à sua vida utilizando uma conexão emocional. Isso faz com que alcançar seus objetivos seja uma questão de "ser" e não de "fazer". Eles são mais do que tarefas; são mais do que as minúcias do dia a dia.

Talvez esteja pensando em mudar de carreira. Não deixe esse objetivo ser apenas um item na sua lista de tarefas, do tipo: *Me candidatar a cinco empregos esta semana*. Dê a ele um significado. Pense por que você está procurando algo novo. Talvez queira acordar animado para fazer algo importante no mundo. Talvez você precise de mais propósito. Olhe além do item na lista e reserve tempo em sua agenda para: *Me conectar com organizações que servem a um propósito e nas quais posso ser útil.*

Quando se trata de motivação, perguntar-se *Por quê?* é a primeira coisa que você deve fazer depois de parar de dar aos seus sentimentos tanto poder de decisão. Por que quer exercitar seu corpo todos os dias? Por que quer digitar aquela proposta? Por que quer namorar de novo? Por que quer abrir uma empresa? Por que quer aprender a estar no comando da sua vida? Quanto mais profundo e significativo for o seu porquê, mais fácil será agir.

É hora de ter uma conversa de verdade. Eu não acordo motivada todos os dias. Não importa há quanto tempo eu esteja conscientemente no controle da minha vida, não pulo da cama cantando: "Olá, lindo dia! Vamos aproveitar!". Não. Eu sou a personificação do "não falo antes do café". Independentemente de como esteja me sentindo em determinado dia, a única coisa que me faz seguir em frente é me perguntar: "Por que estou fazendo isso e o que farei se não o fizer? Qual é a alternativa?". Se eu não responder aos meus e-mails, concluir minhas tarefas administrativas ou criar conteúdo para minha próxima série de vídeos no YouTube, o que farei? Qual é a alternativa se eu desistir e disser que não estou com vontade? Quero voltar a trabalhar em um escritório pequeno, escuro e sem janelas em um emprego que não alimenta minha alma?

E aí tomo minha segunda xícara de café.

Isso não quer dizer que você estará motivado a alcançar todos os objetivos distantes que já teve. Se você começar a trabalhar em um objetivo e perceber que a alternativa é o que realmente quer fazer, ótimo! Discernimento significa encontrar o seu porquê. Se algo não é importante para você, não o leva para onde quer ir, se o esgota e você tem os meios e a capacidade de parar de fazê-lo, então pare! Caso contrário, pare de pesquisar vídeos de paródia política no Google, dê um tempo da Netflix, feche o Instagram e vá trabalhar.

Levante-se e dance

O movimento nos ilumina. Quando você muda o estado do corpo, muda o estado da mente. Estamos focados principalmente em como usar seus pensamentos para incentivá-lo a agir, mas usar seu corpo para levá-lo a um estado de espírito melhor também é uma ferramentinha eficaz.

Eu gravo os vídeos do meu canal no YouTube em lote e em um dia definido todos os meses. Se eu acordar de mau humor no dia da gravação, a última coisa que muitas vezes tenho vontade de fazer é ser envolvente, interessante e informativa diante da câmera. Mas eu tenho um plano B.

"Alexa, toque música animada."

Daí a Alexa, a serotonina (ou seja, a substância química da felicidade liberada pelo cérebro) e eu dançamos na cozinha e me sinto pronta para começar a gravar. É claro que dançar pode não funcionar para você. Talvez você seja mais um viciado em TedTalks, ou precise da poesia de E. E. Cummings para fazer sua energia fluir. De qualquer forma, assim como seu ambiente pode desmotivar você e colocar seu cérebro em modo de conservação, ele também pode motivá-lo e iluminar o seu cérebro.

Encontre a sua turma

É hora de mais honestidade. Escrever este livro foi uma das coisas mais mentalmente desafiadoras que já fiz, ainda mais porque comecei a escrevê-lo uma semana antes do *lockdown* da pandemia de Covid-19. As escolas fecharam, meus três filhos pequenos estavam em casa 24 horas por dia, sete dias por semana, e meu marido e eu estávamos tentando trabalhar em horário integral. Quando as crianças final-mente iam para a cama, a última coisa que meu cérebro queria fazer na maior parte dos dias era sentar na frente do computador e pensar em maneiras criativas de tornar o funcionamento da psique humana interessante e fácil de digerir.

Sabendo que precisava de conexão humana para florescer, entrei em um grupo de outras mulheres incríveis que estavam cons-truindo, crescendo e criando coisas enquanto cuidavam dos filhos durante a pandemia. Saber que outras pessoas entendiam minha situação e que eu poderia pedir apoio ou uma conversa estimulante era tudo de bom. Nós, seres humanos, precisamos saber que não estamos sozinhos.

Se você está progredindo e prosseguindo na sua vida de maneiras novas e mais desafiadoras, encontre sua turma. Gente que entenda você, que fale sua língua, que possa lembrá-lo do seu "porquê" e possa dar uma injeção de ânimo quando você sentir vontade de desistir de tudo.

Conclusões

- A motivação não é automática; ela é fabricada (por você!);
- Se quiser seguir em frente, é preciso gerenciar seus pensamentos;
- Encontre o seu porquê e lembre-se dele com frequência;
- Procure apoio quando estiver fazendo algo novo e/ou mais desafiador.

Sugestão para o diário: qual é o meu objetivo ao participar deste processo? Por que ele? Por que ele é importante para mim e o que vai fazer valer a pena o esforço?

capítulo nove

RAIVA

Todos nós ficamos com raiva, aborrecidos ou então irritados às vezes — de uma leve reclamação até a ponto de sair fumaça dos nossos ouvidos. Podemos estar em uma jornada para nos tornarmos mais maduros no aspecto emocional, mas ainda assim haverá dias em que as coisas nos irritarão profundamente.

Em geral, a raiva é vista como uma emoção ruim ou negativa, que devemos evitar a todo custo (sobretudo se você foi socializada como mulher). Com o passar dos anos, muitas vezes me perguntei o porquê disso. Com certeza não é uma expectativa útil ou então construtiva, principalmente porque todo ser humano do planeta sente raiva às vezes — exceto, talvez, Mr. Rogers. (Será que ele já perdeu a cabeça por causa de alguma coisa? Não consigo imaginar essa situação.)

A própria raiva muitas vezes está enraizada em uma sensação de impotência, vulnerabilidade, perda de controle ou mágoa. Alguns a consideram uma emoção secundária — o que significa que ela existe para mascarar outra emoção à qual somos mais vulneráveis, como o medo ou a mágoa. Apesar de muitas vezes esse ser o caso, a raiva também pode ser apenas raiva.

Como acontece com todas as emoções, ao contrário da crença popular, a raiva não é boa, nem ruim, nem certa, nem errada. As emoções nos dão informações sobre o que está acontecendo no consciente ou no inconsciente da nossa mente.

Emoções difíceis como a raiva, em geral, são um sinal de que alguma coisa importante para nós foi desencadeada, e devemos prestar atenção a ela.

E apesar de não haver nada de ruim ou errado em *sentir* raiva, reações comuns a sentimentos de raiva (leia-se: comportamentos) podem ser inúteis ou destrutivas. Gritar com os filhos, chutar o cachorro ou encostar na traseira de alguém que está dirigindo muito devagar não são de todo maneiras produtivas de expressar seu estado emocional. E como a raiva é uma emoção muito intensa, se não aprendermos a lidar com ela de forma construtiva, o potencial de destruição de uma explosão descontrolada pode ser catastrófico em muitos níveis.

O que é um gatilho emocional?

Um gatilho emocional é uma resposta a um fato ativador — inclusive uma lembrança — que desencadeia uma reação emocional intensa, muitas vezes desproporcional ao fato em si. Por exemplo, alguém não responde logo à sua mensagem e você já sente o estômago revirar porque está convencido de que fora oficialmente rejeitado. Ou, como a apresentação do seu colega está recebendo muitos elogios do grupo, você começa a sentir uma onda de calor correndo da cabeça para o peito porque seu PowerPoint da semana passada foi pouco comentado, e agora você tem certeza de que está falhando no seu trabalho e de que ninguém gosta de você. Você saberá que se trata de uma reação emocional quando a resposta ao medo entrar em ação — ou seja, a sua resposta de luta ou fuga — e o coração começar a bater forte, a respiração ficar curta, o estômago revirar ou a cabeça ficar quente e a visão de túnel se instalar, mesmo que não haja nenhum perigo real presente.

Um desses gatilhos aconteceu recentemente com uma das mulheres da minha comunidade, The Shift Society. Ela compartilhou um caso em que se viu chorando no banheiro depois que um colega levantou a voz para ela no trabalho. Fazendo uma retrospectiva, ela sabia que o colega não estava sendo tão inconveniente, mas o volume um pouquinho mais alto da voz dele desencadeou uma reação intensa que ela não conseguia controlar. Depois de refletir um pouco, ela percebeu que sua resposta não tinha nada a ver com seu trabalho ou com sua vida. Esse fato desencadeou uma lembrança de infância profundamente arraigada, de uma época em que ela vivia com medo do pai, um alcoólatra furioso que muitas vezes chegava em casa à noite em um acesso de raiva, gritando, enquanto ela tremia debaixo das cobertas, imaginando o horror que a noite poderia trazer.

Quando somos engatilhados dessa maneira, raramente reagimos às circunstâncias que se apresentam; em geral, estamos reagindo ao sal jogado em uma ferida do nosso passado. Nosso cérebro pressente uma ameaça e deduz que algo terrível está prestes a acontecer quando uma lembrança inconsciente de dor ou medo do passado é invocada. Entramos nesse modo de luta ou fuga e, se essa lembrança não for processada, a intensa reação emocional gerará um comportamento exagerado, como correr para o banheiro com medo e chorar de forma incontrolável.

Quando imagino esses gatilhos, penso neles como espinhos bem próximos da nossa pele. Quando, intencionalmente ou não, alguém se aproxima de nós e faz com que o espinho se aprofunde devido à dor que não resolvemos e à vergonha que não curamos, não é preciso muito para que ele atinja um ponto sensível e faça essas emoções explodirem.

E, embora não seja bom ser espetado, nossos gatilhos podem nos ensinar algo. Quando temos algum tipo de reação emocional é porque algo foi atingido (ou espetado), e podemos usar essa reação emocional para descobrir o que está por trás dela. É importante que entendamos nossos próprios gatilhos, para que possamos trabalhar com eles e, ao final, extrair esses espinhos.

Dedique alguns momentos a pensar na última vez que você teve uma reação emocional — como foi? Você é capaz de identificar a dor do passado que a causou? Sua mente foi levada de volta à origem da sua ferida emocional? Demorou para descobrir a raiz? Talvez você ainda não tenha descoberto, e tudo bem. Basta querer saber sua origem e refletir.

Todas as emoções são emoções humanas

A compreensão de que todas as emoções são emoções humanas é útil e curativa, principalmente porque nosso instinto é nos culpar e nos envergonhar quando vivenciamos batalhas emocionais. Não podemos nos impedir de ter reações emocionais, mas podemos escolher como agir em resposta aos nossos sentimentos. Não precisamos jogar um prato na parede, gritar com o cachorro, ou esbravejar com o nosso parceiro. Em vez disso, podemos lembrar que somos humanos, respirar de forma curativa e usar as ferramentas que sabemos que funcionam. Assim, cuidamos de nós mesmos antes de avançarmos sobre uma pessoa (ou uma coisa). Afinal, é provável que aquela pessoa em que vamos descontar seja alguém com quem nos importamos profundamente.

É engraçado como as pessoas que mais amamos são aquelas que recebem nossas reações negativas e explosões. Voltando ao conceito de raiva como uma emoção secundária, quando você direciona sua raiva a um ente querido, geralmente não é porque ele fez algo horrível. É mais provável que você esteja sentindo dor emocional porque não está, via de regra, se sentindo ouvido, reconhecido ou compreendido. Muitas vezes, dentro do seu relacionamento, acontecem pequenas coisas que fazem com que você projete *toda* a sua raiva no seu parceiro. Talvez haja uma divisão ou uma desconexão no relacionamento e, em uma tentativa retroativa (e extremamente comum) de trazer a pessoa para mais perto, a raiva e o conflito sejam desencadeados e combinados com a frustração reprimida em todas as áreas da sua vida em que você não se sente visto ou ouvido. Isso acaba exacerbando o problema com seu parceiro e não ajuda a superar os problemas do seu dia a dia.

Às vezes, quando um gatilho emocional é acionado, é importante lembrar que você tem escolha. Em vez de reagir com um insulto desagradável ou um comentário passivo-agressivo, você pode dar um passo para trás e usar as habilidades de autoinvestigação que vem praticando. Ao fazer isso, você pode comunicar o que está pensando e sentindo com calma, clareza e respeito — sem necessidade de agressões.

Exercício: ferramenta de grande emoção

Então, como você entra em um lugar de resposta em vez de reação quando está vivenciando um gatilho? Esta ferramentinha vai ajudá-lo a conter sua resposta de luta ou fuga. Se o seu objetivo é lutar ou fugir no próximo trem, fazer este exercício trará atenção plena às suas respostas em situações emocionalmente complexas.

Pare e respire. Quando emoções intensas forem ativadas, não se esqueça de começar pela respiração. Respire com calma e profundamente antes de fazer qualquer outra coisa. Pode ser difícil de lembrar de fazer isso se você não estiver acostumado — é uma completa contradição com seu instinto de sobrevivência quando você está sob pressão —, mas vale a pena, eu garanto. Você ganhará algo precioso: tempo.

Intervir em um nível fisiológico quando sua resposta de luta ou fuga é ativada é eficaz porque lutar ou fugir é uma resposta fisiológica. Quando seu cérebro está se sentindo ameaçado — seja por um fato real ou imaginário —, dizer a si mesmo para deixar para lá, não se preocupar ou se acalmar nem sempre é suficiente. Pensamentos lógicos não têm lugar em respostas primitivas e automáticas projetadas eras atrás para mantê-lo vivo.

Portanto, se deseja acessar a parte lógica do seu cérebro, deve responder a uma reação fisiológica com uma resposta fisiológica, ou seja, oxigênio, que é exatamente o que a respiração proporciona!

Sintonize o que você está sentindo. Nisso, você vai ser bom. O segundo passo deste exercício leva-o de volta ao processamento das suas emoções. Depois de parar (e respirar), você vai se perguntar o seguinte:

- O que estou sentindo agora?
- Qual é a sensação e onde a sinto no meu corpo?
- Qual é o nome dessa emoção?

Observe os seus pensamentos. Depois de processar suas emoções, faça a si mesmo mais algumas perguntas:

- Por que estou me sentindo assim?
- O que aconteceu?
- Que pensamentos estão passando pela minha cabeça sobre a experiência *x*?

Essas perguntas podem fazer soar um alarme, e deveriam fazê-lo, pois essa estratégia se encaixa perfeitamente no modelo FICRE. Nós primeiro encontramos a consequência emocional e depois pensamos na história que criamos sobre ela.

A ênfase constante na reflexão pode parecer um exagero, ainda mais se for difícil para você, mas tornar-se mais inteligente emocionalmente está de fato associado à auto-investigação.

Se você nunca tem tempo para investigar o que está pensando e sentindo, o "porquê" que está por trás das suas emoções subjacentes ou da dor do seu passado que pode tê-lo acompanhado até o presente, seu estado emocional pode permanecer atrofiado. E se você quisesse permanecer atrofiado, não estaria lendo este livro.

Planeje como você quer prosseguir. Agora que está mais calmo, estável e ciente do seu estado interior, você pode decidir como responder. Como quer lidar com o fato depende de você — e o pensamento lógico está disponível agora que consegue acessar seu cérebro consciente. Esta parte é feita especialmente para você. A pergunta que acho mais útil nesta etapa é:

- Do que eu preciso?

Você precisa fazer uma pausa para não dizer ou fazer alguma coisa da qual vai se arrepender? Precisa de tempo para organizar seus pensamentos? Precisa se desligar da sua mente? Correr ou movimentar o corpo ajudará a clarear seus pensamentos? Precisa de apoio ou desabafar para refrescar as ideias? Quando reservar um tempo para planejar, você se sentirá mais confortável, confiante e terá clareza para prosseguir.

Quando você para, respira, sintoniza suas emoções e planeja como quer prosseguir, você não apenas terá mais ferramentas para gerenciar suas emoções naquele momento, mas também estará treinando seu cérebro para responder com atenção e intenção em situações muito difíceis no futuro. Quando você provar ao seu cérebro que pode tomar as rédeas, mesmo quando em situações adversas, ele começará a confiar na sua capacidade de gerenciamento.

Deixe a raiva para trás

A maioria de nós passa a vida carregando amargura e ressentimento. E, embora possa ser assim mesmo, isso não é nada bom. Alguns guardam rancor por um motivo, mas eu arrisco dizer que a maioria das pessoas prefere se sentir livre do que caminhar cheia de rancor.

Se você é uma delas, é hora de mergulhar nas razões que estão por trás dos nossos caminhos amargos.

As expectativas dos outros

Começamos a pensar em ter grandes expectativas em relação aos outros quando falamos sobre a ansiedade perfeccionista e descobrimos que expectativas não atendidas são muitas vezes as culpadas pelo nosso ressentimento. Quando o ressentimento está ligado a uma situação emocionalmente dolorosa — ainda mais se a dor continua a nos afetar no presente —, pode ser extremamente difícil superá-lo. Por exemplo, um caso mais leve: quando seu parceiro deixa as roupas sujas no chão ao lado do cesto em vez de colocá-las *no* cesto, você pode não ligar no momento, mas pequenos ressentimentos vão se acumulando no inconsciente (*porque não é difícil colocá-las no cesto!*). De qualquer forma, se uma pessoa, uma organização ou uma entidade não deveria tê-lo tratado da maneira *x* ou feito *y*, seu ressentimento persistente não está ligado a nada além das suas expectativas não atendidas.

Já ouvi pessoas dizerem que o segredo da felicidade é deixar de lado todas as expectativas. Mas tenho outra ideia a esse respeito. Gerenciar expectativas não significa não ter nenhuma, mas entender o que o indivíduo e o relacionamento têm a oferecer e criar expectativas com base nisso. Acredito que seja razoável esperar que meu parceiro me conforte quando estiver triste e que participe da criação dos nossos filhos, mas não posso esperar que ele nunca cometa um erro ou pare a vida toda vez que eu estiver passando por um momento difícil. Esperar que minha equipe faça o trabalho com o qual se comprometeram é razoável, mas não posso esperar que eles nunca precisem de ajuda, que não cometam erros ou não tenham dúvidas.

Espero que meus amigos se esforcem pelo menos para passarmos um tempo juntos, mas não seria razoável esperar que eles fizessem isso todos os dias, considerando nossas agendas lotadas. Quando se trata de expectativas, tê-las não é o problema — mas, sim, mantê-las maiores do que as pessoas são capazes ou estão dispostas a atender.

Para qualquer relacionamento durar, algum nível de expectativa deve existir e ser atendido. No entanto, antes de projetarmos expectativas em nossos relacionamentos — você entendeu! —, reserve algum tempo para investigar quais são suas expectativas, o que a pessoa está oferecendo e como esses dois elementos podem se encaixar. Que expectativas essa pessoa pode atender? O que ela está disposta a fazer? O que ela não consegue ou não está disposta a fazer no relacionamento de vocês? Ela pode atender a uma expectativa até certo ponto? E, se for assim, vai funcionar para vocês dois?

É importante deixar claro a que a pessoa está disposta e o que é capaz de trazer para o relacionamento, em vez de se aborrecer toda vez que ela o decepcionar. Talvez seus pais nunca tenham orgulho de você, não importa o que faça ou quão bem-sucedido seja, mas se você parasse de esperar que eles expressem seu orgulho, seu relacionamento com eles seria muito menos doloroso. Talvez seu parceiro nunca consiga economizar, então, em vez de esperar que ele guarde alguns centavos, descubra outra maneira de dividir as finanças com ele.

É claro que certas expectativas não atendidas podem ser um empecilho. Relacionamentos às vezes acabam e não é motivo de vergonha terminar um, se for necessário. Amigos podem se tornar negligentes, parceiros podem quebrar a confiança, membros da família podem ser abusivos e colegas de trabalho podem ser valentões. Diferenciar empecilhos razoáveis de expectativas irracionais é parte do trabalho que você está fazendo.

A vida não segue um plano

Consciente ou inconscientemente, todos nós temos planos de como os fatos devem e vão acontecer na nossa vida. Quando deveríamos ser promovidos, a idade e o jeito como vamos encontrar o amor, o número de amigos que deveríamos ter e como nosso churrasco anual deveria ser divertido — passamos a vida fazendo planos, e quando eles não dão certo, ficamos desapontados, bravos e amargurados. O problema com as expectativas não atendidas vai além de nossos relacionamentos.

Assim como as outras pessoas, é bom ter ideias, esperanças e preferências, mas quando não paramos de pensar sobre como as coisas deveriam ter sido, mas não foram, estamos apenas dificultando nossa própria vida. No entanto, se você se permitir estar presente no que é, em vez de se concentrar no que não é, a vida automaticamente ficará um pouco (ou muito) melhor.

Talvez haja algo que você possa fazer para aumentar as chances de obter o resultado que deseja, ou talvez encontre paz no que é possível agora. Quando você é quem controla a sua experiência humana, sabe que as coisas nem sempre precisam acontecer do seu jeito para que você fique bem. Então, se planejou um grande jantar na sua casa e várias pessoas não apareceram, e os poucos que vieram não trouxeram o que você pediu, tudo bem. A vida vai continuar e você vai se *divertir*, mas apenas se você se permitir aproveitar a festa do jeito que ela aconteceu, em vez de ficar pensando no fato de que comeu seis tipos de salada e um pingo de sobremesa. Isso significa que todos saíram um pouco mais saudáveis do que quando chegaram!

Empatia

É hora de parar de entender a raiva e descobrir como fazer as pazes com ela. Ser menos reativo à sua raiva é ótimo, mas ser gentil consigo mesmo quando ela surge é uma habilidade avançada. Lembra-se da autocompaixão? Da próxima vez que você estiver com raiva, pare de evitar senti-la — o que, como sabe, só piora tudo — e converse consigo mesmo com compreensão, utilizando o método antivergonha. *É compreensível que eu esteja com raiva porque estava sob muita pressão no trabalho e exausto no final do dia.*

Isso não significa que ficar furioso quando você estava sobrecarregado tenha sido uma ótima escolha, mas se punir quando cometer um erro só aumentará a probabilidade de esse ciclo se repetir. Quando se culpa e se repreende, você gera sua própria vergonha e compromete sua capacidade mental de se aprofundar no verdadeiro problema, entendê-lo (ou seja, sentir-se sobrecarregado no trabalho) e resolvê-lo (ou seja, estabelecer limites mais saudáveis com seu chefe), o que diminuiria sua sobrecarga e deixaria você com mais energia para lidar com seus outros fatores de estresse.

Além da autocompaixão fica a empatia. Lembra-se daquela pessoa que fazia gestos grosseiros e buzinava? Ela também talvez estivesse expressando sua raiva devido ao seu estado interior e não tivesse as habilidades para resolver o problema. As pessoas geralmente não são ruins de propósito. Todo mundo tem sua própria dor, seus problemas, suas vulnerabilidades e mágoas não resolvidas. Empatia não é perdoar um comportamento prejudicial, mas ser compreensivo vai nos ajudar.

Já tive pessoas na minha vida que me causaram mágoa e raiva com palavras, atitudes e até mesmo zombarias. Embora sempre fosse tentador desabafar ou ficar de mau humor por causa do insulto mais recente, decidi trabalhar duro para pensar de outra forma. Lembrei que elas talvez tivessem demônios e dores com as quais não sabiam lidar, então eu e aqueles que estavam próximos delas víamos o resultado disso.

É claro que eu não gostava da maneira como elas lidavam com suas lutas interiores, assim, estabeleci limites claros para mim no relacionamento que tinha com essas pessoas, considerando quanto eu estaria vulnerável a elas ou por estar perto delas. Mas ter empatia por suas lutas permitiu que eu não levasse as explosões delas para o lado pessoal, e isso foi poderoso não para elas — embora talvez sentissem uma mudança —, mas para mim.

Conclusões

- Pense na raiva como um sinal do que acontece no seu interior, em vez de considerá-la uma emoção vergonhosa ou antinatural;
- Investigar sua raiva é uma maneira crucial de transformá-la;
- Pare, respire, sintonize sua emoção e planeje como quer prosseguir, assim você entende sua raiva e pode transformá-la em uma resposta construtiva;

- Seja gentil consigo mesmo e com os outros, pois todos somos seres humanos com sentimentos humanos, mesmo quando erros são cometidos.

Sugestão para o diário: o que espero dos outros com quem me relaciono e que pode ser algo irracional? O que aconteceria se eu parasse de esperar algo que eles não estão dispostos ou não conseguem me dar?

capítulo dez

CULPA

A culpa é um tópico importante na saúde mental, com a qual muitas pessoas têm dificuldade de lidar, seja como causadoras ou vítimas. O que é a culpa? Simplificando, a culpa é a emoção que aparece quando pensamos que fizemos algo ruim, errado ou prejudicial. Honestamente, pode ser um ótimo termômetro nas relações interpessoais. Se nunca se sentiu mal depois de fazer algo ruim, isso significa que você não tem empatia. Sabe quem não tem empatia? Sociopatas.

Quando usada de forma adequada, a culpa nos ajuda a fazer uma pausa, dar um passo atrás, questionar nosso comportamento e rever nossas ações. Ela pode ajudar a evitar futuros comportamentos prejudiciais. Você não gostaria de enganar um cliente, mentir para seu parceiro ou ligar para dizer que está doente e ir fazer uma caminhada bem no dia em que toda a sua equipe precisa de você, porque se sentiria mal se fizesse isso, e ainda pior se fosse pego.

Há muitos anos, eu estava indo encontrar um amigo para um happy hour depois do trabalho quando vi minha chefe vindo em minha direção. Não teria sido um problema, mas, no momento em que nossos olhos se encontraram, a cor sumiu do rosto dela, pois tenho certeza de que a surpresa e a confusão surgiram no meu.

Naquela manhã, ela tinha me ligado com a voz rouca para pedir que eu avisasse a todos que ela não iria trabalhar porque estava passando mal. Pois é.

A culpa também pode nos incentivar a mudar nosso comportamento depois de fazermos algo inútil ou prejudicial. Um dia eu estava virando à esquerda em uma faixa de pedestres e quase atropelei uma pessoa que estava na faixa. Tive que pisar no freio. O terror nos olhos dele por causa dessa falha gerou uma culpa profunda em mim e, desde então, verifico três vezes se há pedestres atravessando sempre que faço uma curva à esquerda.

Por outro lado, a culpa pode ser destrutiva quando usada como uma forma de autopunição. Quando você sente muita culpa depois de um erro e usa-a para determinar sua própria falta de valor, isso não é nada mais que a velha culpa, sua amiga e ao mesmo tempo sua inimiga, usando um disfarce.

Exercício: palavras de compaixão e compreensão

Faça este exercício quando estiver carregando culpa por transgressões do passado, da qual você simplesmente não consegue se livrar. Não se trata de inventar desculpas para comportamentos prejudiciais do passado, mas, sim, de demonstrar compaixão por uma versão anterior de si mesmo, que fez uma escolha a partir do nível de consciência que tinha naquele momento. É entender que o seu melhor muda a cada dia e a cada momento.

Comece com a respiração. Inspire. Expire. Inspire. Expire.

E diga ou leia para si mesmo: *Eu vejo você e, mais do que ninguém, vejo o que você estava passando quando* [insira a fonte de pensamentos e sentimentos de culpa exagerada]. *Mesmo que não tenha sido a escolha mais esperta, a melhor ou a mais honrosa, foi a que você fez naquela hora. Você é um ser humano que comete erros, e cometer erros não significa que você*

> seja uma pessoa ruim. Em vez de continuar me concentrando no passado, vou assumir um novo compromisso agora. Comprometo-me a ser melhor à medida que avanço. Comprometo-me a estar atento às minhas escolhas e ações e a aprender com qualquer erro que venha a cometer. Comprometo-me a assumir a responsabilidade pelos erros que eu cometer e a ser mais tolerante comigo mesmo quando isso acontecer.
>
> Você pode fazer este exercício mentalmente ou no papel, quantas vezes quiser. Dê a si mesmo permissão para, enfim, seguir em frente.

Como usar a culpa

Para além da punição autoinfligida, a culpa também é mal utilizada quando tentamos usá-la como estratégia de manipulação emocional. Por exemplo, imagine se você ligar para sua mãe e a primeira coisa que ela disser for: "Ah, é você. Não ouço sua voz há séculos. Achei que tinha perdido meu número!". Você fica imediatamente irritado e frustrado, e pensa: *Lá vem a mamãe me fazendo sentir culpado de novo! Eu nunca consigo fazer o suficiente para ela!*

Mas você vê a falácia aqui? Todos nós sabemos agora que não é sua mãe quem faz você se sentir culpado. Se você fizer uma tabela FICRE a partir disso, o que acha que vai descobrir que está fazendo você se sentir culpado? Exatamente. Seus pensamentos. Você está se sentindo irritado porque acha que fez algo errado com base nos comentários dela. Hora da bomba da verdade: a angústia da sua mãe causada por você não ligar para ela tanto quanto ela gostaria não significa que você tenha feito algo essencialmente errado. Você simplesmente não fez o que ela queria que você fizesse. Ela *tentou* fazer você se sentir culpado — o que não foi a coisa mais madura do ponto de vista emocional da parte dela —, mas agora que sabe como administrar sua mente usando o modelo FICRE, você não vai ser tragado por ela.

Muitos de nós estamos acostumados a pensar que, se alguém não gostou de algo que fizemos, então é porque fizemos algo errado, o que dispara sentimentos de culpa. Quero convidá-lo a viver de outra forma, uma em que você dá um passo atrás e se apodera do fato de que, como um adulto que cuida da própria vida e administra o próprio tempo, você tem o direito de decidir com que frequência quer ligar para sua mãe (ou para qualquer um).

Você tem permissão para telefonar para as pessoas quando quiser, mesmo que não seja quando elas querem que ligue. Você tem permissão para usar seu tempo como quiser. E outros podem não gostar. Eles podem ter expectativas que querem ver atendidas para pararem de se sentir tão mal — assim como você.

Depois de fazer as pazes com suas decisões, comentários como o da sua mãe deixarão de gerar culpa. Você pode ser empático e compreensivo e não atender a expectativa de outra pessoa, sem que isso signifique que você fez algo errado. Pode ser tentador acreditar que é sua responsabilidade fazer todos ao seu redor felizes ou evitar que fiquem aborrecidos, mas não é. Você sabe o que está deixando as outras pessoas infelizes ou aborrecidas? Os pensamentos delas.

Não vire o jogo

A culpa também não ajuda quando a usamos para manipular os outros. Dar indiretas ou comunicar-se de forma passivo-agressiva é um atalho para a falta de autenticidade, que é o oposto do trabalho que você está fazendo aqui. Gerar culpa para conseguir o que quer não é mais aceitável quando você faz isso com os outros do que quando alguém faz a mesma coisa com você.

Há alguns meses, voltei para casa depois de um longo dia de trabalho e a cozinha estava toda revirada, como se policiais a tivessem invadido para procurar provas de algum crime. Tudo estava na mais completa desordem. E eu estava exausta. Quando vi a mesa da cozinha cheia de restos do jantar e migalhas espalhadas pelo chão, fiquei imediatamente brava, irritada e frustrada com meu marido.

(Tantos pensamentos e sentimentos. Tantos.) A cozinha estava um desastre; o almoço das crianças ainda precisava ser preparado; eu tinha trabalho para terminar e, aos meus olhos, parecia que só eu me importava.

Mas, em vez de usar todas as ferramentas e estratégias que ensino aos meus clientes e alunos — e porque eu não queria reclamar abertamente —, optei por manipular e gerar culpa. Enquanto eu começava a recolher os restos do que imaginei ter sido alguma coisa comestível, resmunguei baixinho: "Claro. Adoro limpar toda essa bagunça, mesmo estando tão cansada que nem enxergar direito eu consigo", enquanto batia em algumas panelas e frigideiras. (Eu estava mesmo falando alto o suficiente para que meu marido ouvisse da sala ao lado.)

Meu marido poderia ter reagido, mordido a isca facilmente, e teríamos encerrado a noite com uma bela discussão. Em vez disso, ele se aproximou e perguntou: "Você quer que eu ajude?". Saí do meu torpor passivo-agressivo e aceitei de bom grado, ao que ele respondeu: "Fico contente. Mas da próxima vez, quando você quiser alguma coisa, apenas me peça".

Muito bem. Xeque-mate. Às vezes, pedir o que precisamos parece ser muito mais difícil na nossa mente do que é na realidade. Todos nós precisamos de lembretes, sobretudo quando nossa história pessoal é ativada ou estamos emocionalmente esgotados. Cresci em uma família com grandes expectativas, muitas vezes tácitas, mas todos nós sabíamos quais eram. Minha culpa era enorme e fazia parte da minha estrutura primitiva. Entretanto, casei com alguém cuja origem é bem diferente da minha, e que não participa do jogo da culpa. Felizmente para mim, essa diferença em especial e as longas horas que passei estudando este assunto me ensinaram a me comunicar como uma adulta (na maioria das vezes).

A culpa não é boa em nenhuma das extremidades do espectro — seja infligindo-a a outras pessoas ou sentindo-a —, mas aprendemos a usá-la por um motivo. Você pode ter crescido em um lar onde não era seguro dar abertura e ser honesto na comunicação, então compartilhar seus pensamentos e sentimentos diretamente é muito desconfortável para você. Métodos de comunicação ocultos e sorrateiros podem ter sido a única forma de você conseguir satisfazer seus desejos e suas necessidades quando criança. Talvez os adultos da sua vida tenham moldado a culpa como uma estratégia de manipulação, e assim faz sentido que o seu cérebro tenha registrado essa informação. Talvez você não tenha ideia de por que a culpa é uma das suas formas de comunicação, mas sabe que ela não é saudável e quer ser capaz de se expressar com mais honestidade.

Independentemente de como, por que ou onde aprendeu a manipular ou a se comunicar usando a culpa, você pode desaprender com a prática. Quando você praticar ser mais honesto e direto, a comunicação transparente, clara e elegante se tornará seu modus operandi, mesmo quando sua cozinha estiver uma completa bagunça assim que você chegar em casa.

Como dizer "não" sem sentir culpa

Certo, vamos ser francos. Dizer "não" é difícil. Não necessariamente no sentido literal, mas no sentido "minha nossa, e se eles me odiarem?" Há uma razão — muitas vezes, várias — para não dizermos "não". E essas razões geralmente estão ligadas a não querermos nos sentir culpados. Como resultado, dizemos "sim" ao que não queremos fazer e sentimos todo tipo de raiva e estresse, entre outras emoções, porque nos sentimos pressionados e obrigados a *fazer* o que não queríamos desde o início. Pronto para ler algo que pode desagradá-lo?

Você não diz "não" porque se sente mais confortável se ressentindo de outra pessoa do que sentindo sua própria culpa. É mais fácil culpar alguém por "obrigá-lo a fazer algo indesejado" do que se sentir culpado por decepcionar a pessoa ao recusar o pedido. Levante a mão se você já participou do jogo da culpa em vez de se apropriar das suas próprias necessidades e daquilo que prefere fazer com seu tempo e sua energia! Você não consegue ver, mas estou levantando minhas duas mãos de novo.

O problema é: quando você não assume tanta responsabilidade pelo seu "não" quanto pelo seu "sim", você está atrapalhando o seu próprio caminho. Lembra-se de que é você que decide como deseja gastar o seu tempo e a sua energia? Quando você diz "sim" a algo que não quer fazer, é como se você estivesse dizendo "não" a algo que deseja fazer. Em outras palavras, você está mentindo para todos, inclusive para si mesmo. Pare. Isso prejudica você e os seus relacionamentos.

Apesar de a prima Sarah poder ficar chateada se você não desistir de todo o seu fim de semana para ajudá-la na mudança, se você disser "sim" a contragosto, seus pensamentos e sentimentos a respeito do fato provavelmente terão um gosto amargo. Em vez de rir enquanto está, todo desajeitado, arrastando o sofá escada abaixo, você estará vulnerável a muitas outras emoções negativas, que podem não apenas impactar seu fim de semana, mas também diminuir sua empolgação com o novo lar da sua prima.

Como uma extensão do processamento de seus pensamentos e sentimentos, preste atenção aos seus "sins" verdadeiros e aos falsos "nãos". Claro que há momentos em que nos sacrificamos pelos outros e fazemos favores para um ente querido que preferiríamos não fazer, mas, contanto que você mude seus pensamentos a esse respeito e decida que, mesmo que atender ao pedido deles não seja sua primeira opção ao pensar em como gostaria de passar seu dia, você se sentirá bem em fazê-lo, porque às vezes é exatamente isso o que fazemos pelas pessoas que amamos. Mas preste atenção, meu amigo: confirme se descobriu o que você vai pensar para que possa, honestamente, se sentir bem ao atender um pedido e não arrastar consigo nenhum ressentimento por ter feito aquele favor.

Ser claro com o que você quer (ou *não* quer), se não está acostumado com isso, é como aprender a estacionar em uma rua do centro — desesperador. Tendo isso em mente, seja gentil consigo mesmo. Pode ser muito complicado experimentar novas habilidades que parecem estranhas à sua experiência pessoal, então comece devagar, com pessoas de confiança, e siga no seu próprio ritmo.

Conclusões

- A culpa pode ser uma emoção útil quando utilizada como uma ferramenta de transformação aliada à autoinvestigação, de forma a fazer mudanças positivas;
- Não use a culpa para que suas necessidades nos relacionamentos sejam atendidas — você merece dar e receber comentários honestos, assim como seus entes queridos;
- Pratique dizer "não" sem sentir culpa. (Pode ser difícil!)

Sugestão para o diário: quando me sinto excessivamente culpado? Isso é mesmo necessário? O que aconteceria se eu parasse de me sentir culpado quando não tiver feito nada de ruim ou errado?

capítulo onze

SOLIDÃO

A solidão está em alta no mundo ocidental, e as consequências dela são sérias. Podemos não precisar mais de outras pessoas para a sobrevivência básica, mas parecemos ter esquecido de que somos criaturas com necessidade de conexão interpessoal profunda. E à medida que nos tornamos mais conectados digitalmente, nossas conexões se tornam menos substanciais. (É difícil constituir esses mesmos laços pessoais por meio de palavras em uma tela.) As consequências da solidão são significativas para a saúde mental e física. Embora seja óbvio que ficar sozinho por muito tempo pode fazer até a pessoa mais independente se sentir ansiosa ou deprimida, a solidão também está associada a doenças como diabetes, pressão alta, obesidade e problemas cardíacos.

Alfred Adler, um dos precursores da psicologia moderna e colega de Sigmund Freud, tinha sua própria teoria sobre as raízes do sofrimento humano. Ele acreditava que todos os seres humanos têm um profundo desejo de pertencimento, chegando a dizer que a conexão humana genuína é tão essencial para a sobrevivência humana quanto a água e o ar. Ele também levantou a hipótese de que a maior parte do sofrimento humano está enraizada no medo de sermos imperfeitos. Segundo Adler, muitos dos nossos percalços vêm do medo da rejeição se as pessoas souberem quem realmente somos — e então descobriremos que somos tão desprezíveis e indignos quanto, no fundo, temos medo de ser.

Por fim, a solidão (e os problemas que a acompanham) diz respeito à desconexão. É exatamente por isso que tudo o que Adler escreveu merece ser lembrado. Quando você se sente emocionalmente desconectado das pessoas ao seu redor, as consequências são reais.

Essa desconexão pode fazer você se tornar outras versões de si mesmo apenas para agradar às pessoas, ou fazê-lo fingir e dedicar-se a provar que é digno de amor e pertencimento. Também pode surgir na forma de um ciclo interminável: quanto mais solitários nos sentimos, mais pensamos que não somos amados, o que faz com que nos sintamos indignos de amor, diminuindo assim a probabilidade de nos conectarmos com os outros. Quando isso acontece, ficamos estagnados, desconectados e solitários.

Entretanto, sua salvação são os relacionamentos verdadeiros e autênticos. Você sabe exatamente a quais relacionamentos me refiro, certo? Estou falando da sua gente. Aquelas pessoas que o veem, o entendem e o amam por você ser quem é — nem mais, nem menos. Você sabe, aqueles amigos que são pau para toda obra, para quem você poderia ligar no meio da noite pedindo ajuda para ocultar um cadáver e eles apareceriam imediatamente com uma pá, sem fazer perguntas.

Se você tem pelo menos um relacionamento desse tipo, espero que se considere um dos seres humanos mais sortudos do planeta. Poucas coisas são mais importantes do que conviver com alguém com quem você realmente tem uma conexão. E por "conexão" não quero dizer "se encaixar". Há uma diferença importante entre os dois.

Uma grande parte do ser humano quer — não, *precisa* — se sentir valorizado, digno e amado. Essa necessidade básica remonta à necessidade mais antiga de sobrevivência. E agora, trata-se de mais do que apenas segurança; é ser aceito e amado como seu verdadeiro eu. No entanto, muitas vezes confundimos o conceito de pertencimento com a tendência inconsciente de se encaixar. Como Brené Brown expressa tão bem em *A arte da imperfeição*: "Encaixar-se é avaliar uma situação e se tornar quem você precisa ser para ser aceito. Conectar-se, por outro lado, não exige que mudemos quem somos; exige que sejamos quem somos".

Muitos de nós temos tentado fazer tudo o que podemos, talvez nossa vida toda, apenas para nos encaixarmos. Fingimos gostar de coisas das quais não gostamos, nos tornamos pessoas que não somos, ficamos bem quando não estamos, concordamos tacitamente quando queremos protestar e dizemos "sim" quando queremos dizer "não". Quando confundimos encaixar-se com conectar-se, um desespero nos invade porque não acreditamos que quem somos seja bom o suficiente. Acreditamos que só sendo quem as outras pessoas querem que sejamos, seremos amados, aprovados e aceitos.

Encaixar-se gera uma confusão que a conexão verdadeira não gera. Quando ajo e atuo como a pessoa que os outros querem que eu seja para obter aprovação, amor e aceitação, posso conseguir o que quero, mas não me sentirei conectado. Quando agradamos, nos ajustamos e atuamos para conseguir o amor de alguém, a pessoa que é aceita e amada não é o nosso eu verdadeiro. Não nos sentimos bem porque a versão autêntica de nós ainda está escondida atrás da parte que busca aprovação, então continuamos sentindo falta de conexão. Quando não somos autênticos, as conexões que fazemos também não são, o que nos traz de volta ao ponto de partida, onde nos sentimos solitários, desconectados, desvalorizados e invisíveis.

A verdadeira conexão começa com a coragem. A coragem de sermos nós mesmos e de acreditarmos que somos dignos assim como somos. Quando encontramos e promovemos relacionamentos genuínos, desenvolvemos um sentimento de conexão verdadeiro. E quando nos conectamos, a solidão pode até nos visitar, mas não será uma companhia permanente.

Exercício: aprenda a amar-se e aceitar-se

Pergunte a si mesmo: *Que escolhas eu faria, o que faria ou tentaria, e como me apresentaria se realmente acreditasse no meu valor intrínseco?*

Pergunta difícil, hein? À medida que avançamos em direção à autoaceitação e olhamos para o que fazemos ou deixamos de fazer porque acreditávamos que não éramos dignos e bons o suficiente, responder será mais fácil. Muitas vezes, a vergonha aparece quando estamos definindo metas, sonhando com o futuro e desenvolvendo nosso potencial. Experiências que desejamos ter, pessoas com quem queremos nos conectar, sentimentos que queremos compartilhar e limites autoimpostos que queremos superar parecem estar muito além do horizonte. Mas se continuarmos caminhando em direção à autoaceitação, lentamente nos aproximaremos de uma vida na qual entendemos o valor e a importância que temos apenas por sermos nós mesmos.

Então, se você soubesse que é digno por natureza, o que escolheria? O que faria? Como se apresentaria? Se você soubesse que não importa o que aconteça e o que os outros pensem, ainda se amaria e se aceitaria, o que tentaria fazer?

Responda a essas perguntas. E quando o fizer, ouça bem a resposta. Você pode fazer a mudança. E pode começar hoje.

Distância digital

Quando vejo como todos estão conectados por meios digitais no presente, não posso deixar de pensar que essa é uma das razões pelas quais enfrentamos tanta solidão. Embora pareça que todo mundo sabe o que está acontecendo com os outros, a distância digital faz com que estejamos muito menos conectados emocionalmente com outros seres humanos. É quase como se nossa família e nossos amigos estivessem o tempo todo no nosso bolso, e não sentíssemos a necessidade de estar com eles fisicamente como os seres humanos fizeram durante anos.

As telas e a tecnologia se interpõem entre os seres humanos e nem percebemos isso (ou talvez percebamos). Como podemos nos enquadrar da maneira que quisermos, adicionar filtros e editar tudo o que publicamos, há algo falso na "realidade" que apresentamos. Com as redes sociais, você pode redigitar e regravar qualquer coisa para se apresentar como a pessoa interessante, atenciosa, inteligente e espirituosa que você gostaria de ser em tempo real.

Com palavras selecionadas e *selfies* perfeitas, vem a impossibilidade de fazer conexões genuínas e imperfeitas. Aquele tipo de conexão que você faz quando reclama de como seu cabelo está horrível naquele dia ou dizendo alguma coisa estranha sem querer. Ou quando todo mundo percebe que essas coisas são completamente normais e você não se sente tão sozinho. A tecnologia está impactando as oportunidades de sermos vulneráveis e autênticos, o que antes era bem comum, de modo que o aumento da solidão não é surpresa. Será que tem que ser assim?

Saia de casa

A solidão é uma experiência de isolamento e vulnerabilidade que parece terrível. Se você sabe que lidar com ela é um trabalho que começa nos seus pensamentos, está começando a entender! Sim, trabalhar intencionalmente para ter pensamentos permitirá que você crie sentimentos que orientarão seus comportamentos, obtendo assim o resultado que deseja (ou seja, ser menos solitário!).

Por exemplo, em vez de pensar: *Não sou muito interessante*, o que pode causar tristeza e acabar fazendo você ficar em casa no sábado à noite ouvindo música triste de moletom, pratique pensar algo como: *Posso ser muito engraçado e contar ótimas histórias. Geralmente me divirto muito quando saio de casa.* Com essa linha de pensamento é muito mais provável que você corra para o chuveiro e se arrume para uma noite na cidade. Missão cumprida.

Seja vulnerável

Ousar ser o seu verdadeiro eu para permitir uma conexão autêntica com outras pessoas pode parecer assustador. Nós ficamos vulneráveis quando abrimos a porta da nossa vida e pedimos a alguém que venha passear nela, esperando que a pessoa nos ame na alegria e na tristeza, exatamente por sermos quem somos. Algumas pessoas que você conhece durante sua jornada talvez possam fazer isso; outras, não. Há pessoas que o amam por quem você é para elas, e não por quem você é como pessoa. Pessoas que, se você decidir não agir mais como elas querem, podem rejeitá-lo completamente.

Eu sei que isso parece intimidante, mas não se detenha. Mesmo que haja um preço a pagar por uma conexão autêntica e honesta, o prejuízo da inautenticidade e da desconexão é ainda maior. Não perpetue a solidão e a desconexão porque você não está disposto a permitir que alguém veja suas imperfeições. Conexão requer coragem, e eu sei que você tem.

Como lidamos com a solidão?

Uma das minhas citações favoritas de todos os tempos é de uma entrevista que Maya Angelou concedeu a Bill Moyers em 1973: "Você só é livre quando percebe que não pertence a lugar nenhum. Você pertence a todos os lugares, e a nenhum. O preço é alto. A recompensa é grande". Quando aprendemos a nos valorizar e a pertencer a nós mesmos, levamos nosso pertencimento a qualquer lugar que formos, porque levamos a nós mesmos aonde quer que formos.

Percebi que quando estou cuidando bem de mim, me ouvindo, confiando em mim mesma e me sentindo conectada com quem realmente sou, posso entrar em qualquer sala e conversar com qualquer pessoa. Posso estar em qualquer lugar e me sentir confortável e confiante. Não preciso da aprovação de ninguém, porque eu me aprovo, e isso é o mais importante.

Quando estou conectada comigo mesma, não apenas deixo de buscar aprovação, mas também acho muito mais fácil fazer conexões verdadeiras com os outros. Faz sentido. Não sei você, mas eu sou naturalmente atraída por pessoas centradas, confiantes e que parecem se conhecer. É como se estar conectado e confortável consigo mesmo fosse contagioso. Quando estou assim, é mais fácil ficar de cabeça erguida, respirar e ser feliz com quem eu sou.

Quando você constrói um relacionamento consigo mesmo, você se apresenta de formas diferentes em qualquer situação social e nos seus relacionamentos. Porque quando pertence a si mesmo, você pertence a todos os lugares a que vai. Quando entra em uma sala sabendo que é digno de pertencimento — porque você sempre pertence a si mesmo —, você será mais facilmente, e genuinamente bem-vindo. E quando o seu eu verdadeiro e autêntico estiver no comando, por que você se sentiria sozinho?

Conclusões

- Vamos todos abraçar nossa necessidade de sermos vistos como realmente somos;
- Esteja ciente de seu viés para "se encaixar", que é diferente de "conectar-se";
- Aprenda a amar e aceitar a si mesmo como você é agora;
- Ao fortalecer seu relacionamento consigo mesmo, você também fortalecerá seus relacionamentos com os outros; esse é o antídoto para a solidão.

Sugestão para o diário: o que me impede de demonstrar meu eu autêntico? Que pensamentos e crenças me permitiriam ser mais autêntico com mais frequência?

parte três

ASSUMA O CONTROLE
DOS SEUS PRÓPRIOS PENSAMENTOS

Por que você disse isso? Foi muita burrice.

Eles provavelmente estão pensando que você é um fracassado.

Você deveria ter ficado de boca fechada. O que há de errado com você?

As pessoas vão parar de sair com você se não parar de ser esquisito.

Algum desses diálogos internos soa familiar para você? É parecido com aquela situação em que tropeçou no próprio pé na frente de alguém? Você já passou horas depois de uma ocasião social ruminando sobre o que as outras pessoas poderiam estar pensando de você? Recriminando-se pela maneira como expressou sua opinião, por uma piada que contou ou devido a um comentário que fez porque você não tem certeza de que *elas entenderam o você quis dizer*?

Se você respondeu "sim" a alguma dessas perguntas, tenho algumas coisas a dizer: a) isso realmente não importa em longo prazo; b) é meio egocêntrico pensar que uma pessoa esteja obcecada por algo que você tenha dito; c) se alguém estiver julgando você, na maioria das vezes isso é apenas um reflexo das inseguranças dessa pessoa; e d) a maioria das pessoas não fica horas pensando em você depois da festa. Sabe por quê? Elas provavelmente estão em casa, assim como você, tentando deduzir se os outros as estão julgando pelo disseram. São os fatos. Passamos muito tempo nos preocupando com o que as pessoas pensam de nós, mas a verdade é que, na maioria das vezes, elas não pensam. E, se pensarem, não demorará muito para que o cérebro egocêntrico delas volte a pensar em si mesmas e/ou no que você pode estar pensando sobre elas!

Sendo assim, por que nos importamos tanto com o que os outros pensam de nós? Como muitas coisas relacionadas ao cérebro, tudo começa quando você decide fazer isso. Aqui está aquela base novamente. Cara, como essas reverberações vão longe. Se você se preocupa (excessivamente) com o que os outros pensam, um ou mais dos seguintes pontos podem descrever sua infância e/ou experiência familiar quando você estava crescendo:

- O amor era transacional, ou seja, dependia do seu comportamento, da sua atitude, da sua adesão às regras etc.;
- Ideias, opiniões ou estilos de vida fora da "norma" que você ou parentes próximos manifestavam eram punidos ou criticados severamente;
- Seus pais julgavam abertamente e criticavam ferozmente os outros — quase sempre às escondidas — por terem ideias, opiniões ou estilos de vida que divergiam dos deles (que eram, mais uma vez, e em essência, apenas desvios das próprias inseguranças deles);
- Suas escolhas eram controladas com rigor e você quase nunca tinha permissão para tomar suas próprias decisões, talvez até mesmo na adolescência e na vida adulta;
- Seus pais estavam preocupados com o que outros pensavam deles.

Basicamente, se você foi criado para valorizar as opiniões dos outros sobre você mais do que suas próprias opiniões, seja por expectativa ou por exemplo, não é de admirar que ainda faça isso.

Tornar-se um adulto profundamente confiante e controlar sua vida é deixar que as outras pessoas tenham suas próprias opiniões sobre qualquer assunto, inclusive sobre qualquer parte sua, e manter sua capacidade de se autodiferenciar. A teoria de Bowen baseia-se no princípio de que todos devemos nos permitir ter pensamentos próprios, opiniões próprias, ideias próprias e perspectivas próprias — e estender essa mesma cortesia aos outros.

A fusão emocional, o inverso da autodiferenciação, segundo essa teoria, é onde muitos de nós baseamos nossa formação pessoal. Quando você faz parte de uma fusão emocional, seu estado emocional está tão conectado ao de outra pessoa que seu nível emocional depende não apenas do dela, mas da percepção que ela tem do seu. Se ela não está bem, você também não está bem — e se ela achar que você não está bem, você também não ficará bem. Viu como isso pode ficar confuso?

Não estou dizendo que você deve se transformar em um narcisista enfurecido que não se importa com mais ninguém. Só estou sugerindo que você dedique um pouco mais de tempo a esclarecer o que você pensa a seu respeito e um pouco menos de tempo a se preocupar com o que os outros pensam de você.

Outra chave para tomar as rédeas é separar todos os pensamentos autodestrutivos que tornam sua vida mais difícil. Você tem uma lista de maiores sucessos desses pensamentos, assim como eu? Alguns que meu cérebro gosta de despejar em mim quando já estou me sentindo para baixo são: *Ninguém gosta de mim de verdade*, *Não tenho o que é preciso* e *Não sou boa/inteligente/engraçada/interessante/capaz/bacana o suficiente*.

É seguro dizer que quaisquer pensamentos que comecem com "eu não sou" e terminem com "suficiente" provavelmente não são úteis. E sabe de uma coisa? Eles podem ir direto para o lixo. Em vez de despertar alegria, pensamentos desse tipo levam você a questionar seu valor, a mantê-lo preso e estagnado. Não tem mais lugar para eles no seu cérebro. Então, agora, jogue no lixo as frases "Não sou bom o suficiente", "Não sou inteligente o suficiente", "Não sou bonito o suficiente" e "Não sou corajoso o suficiente", junto com essas revistas para adolescentes que você está guardando por algum motivo desconhecido.

Agora que fizemos uma faxina, vamos mergulhar primeiro na origem dessas crenças autodestrutivas, já que você não nasceu com elas. (Como mãe de três crianças pequenas, posso dizer que os bebês nunca se preocupam em ser julgados, mesmo quando sujam a fralda e passam aos berros sete das doze horas em que ficam acordados.) E então vamos descobrir o que fazer com elas exatamente para que você consiga romper com o ciclo interminável de dúvidas. Vamos lá.

capítulo doze

"TENHO UMA VOZ CRÍTICA NA MINHA MENTE"

Todos temos. Se tiver sorte, você tem um crítico interno no seu cérebro cujo único propósito é criticá-lo e colocá-lo para baixo. O resto de nós é dirigido por um comitê inteiro. Você conhece aquela voz (ou vozes) que está enraizada entre seus ouvidos e lidera o desfile do "não é suficiente"? Não é inteligente o suficiente, não é forte o suficiente, não é corajoso o suficiente, não é capaz o suficiente, não está em forma o suficiente, não é interessante o suficiente, não é atraente o suficiente, não é amável o suficiente. Nunca é suficiente.

De quem são os pensamentos?

Se você não nasceu com um monte de críticos internos, de onde eles vêm, quando começaram a falar com você e por quê? Quer você tenha sido ensinado direta ou indiretamente, seus pensamentos sobre não ser bom o suficiente vieram de alguém ou de algum lugar. E não de você.

Como nossos maiores influenciadores quando somos crianças são nossos pais, é provável que muitas dessas ideias tenham vindo deles, mesmo que sem intenção. É engraçado, foi só quando me tornei mãe que compreendi de fato que os pais são apenas pessoas mais velhas que os filhos. É isso. Eles não sabem tudo, não têm todas as respostas e não são especialistas em seres humanos. Quando entendi isso, também entendi que meus pais não estavam certos a respeito de tudo — inclusive quanto aos pensamentos e às perspectivas sobre quem eu sou. Eles têm suas próprias ideias sobre quem sou, mas apenas algumas delas são corretas.

Quando era criança, talvez você tenha visto pessoas que admirava sendo desnecessariamente duras consigo mesmas e tenha imaginado que deveria ser assim também. Talvez você tenha sido maltratado na infância, e seu crítico interno tenha surgido para seu cérebro tentar racionalizar esse fato. Quando coisas prejudiciais acontecem às crianças e elas não entendem o porquê, o cérebro, como sempre, tenta entender aquilo. Os cérebros jovens, que são egocêntricos por natureza, muitas vezes concluem que os maus-tratos são culpa deles e que os mereciam. Não há outra explicação disponível para eles, porque acreditam que os adultos sabem de tudo. E, *voilà*, nasce uma vergonha.

No entanto, para ser justo com seus pais e cuidadores, você provavelmente internalizou essas mensagens autodestrutivas a partir de outras fontes também. Você absorveu ideias e ideais do ambiente e da cultura desde o dia em que nasceu. Alguns deles foram úteis para você, como: "Trate os outros como você gostaria de ser tratado". Outras como: "Você enfim ficará linda se comprar esta máscara facial de mucina de caracol" não foram tão úteis. Você foi exposto a um fluxo constante de mensagens explícitas e implícitas sobre seu gênero, sua cor, sua orientação sexual, sua altura, seu tipo, sua capacidade física, seu status, seu nível de inteligência, seu grau de atratividade e muito mais. Você também foi informado de quais coisas a seu respeito eram e quais não eram boas o suficiente. E se você é humano, pelo menos uma parte sua é diferente do que é considerado "ideal". Com essas mensagens, vindas de todas as direções, todo mundo vai questionar seu valor em algum momento.

Isto é interessante: seu crítico interno é moldado a partir do que você foi ensinado, do que você absorveu e do que internalizou. Essencialmente, você herdou e aprendeu pensamentos e crenças a respeito de quem você é, do que merece e de quem *tem permissão* para ser. Isso significa, entretanto, que nenhum desses pensamentos é seu. Nenhum deles.

Esses pensamentos e essas crenças foram formados no interior do seu cérebro — geralmente na infância, durante os anos "formativos" (entendeu?). Seu cérebro estava recebendo todos os tipos de informações sobre o que pensar de si mesmo, dos outros, da vida e do mundo. Só porque esses pensamentos foram formados em algum momento em que alguém disse algo para nós, a nosso respeito ou perto de nós, eles não estão lavrados em pedra e não precisam permanecer. É isso mesmo. Eles podem ser removidos e substituídos. E se isso for verdade (e é, porque a ciência comprovou), significa que você pode *escolher* o quer pensar sobre si mesmo.

Hora de redecorar

Pense no seu cérebro como uma casa. Quando você era jovem, várias pessoas que considerava especialistas decoravam sua casa e você nem percebia. Cada elemento de design que eles incorporaram, desde o quadro na parede até as cadeiras da mesa de jantar, era realmente o que eles achavam que deveria estar ali. E agora você é um adulto, mas deixou tudo exatamente igual durante anos.

E se você parasse e se perguntasse se gosta da decoração? Gosta mesmo dos móveis e enfeites que outra pessoa escolheu? Teria escolhido essa paleta de cores? Se não, o que você gostaria de ter no lugar? Qual é o seu gosto?

Você tem permissão para decorar sua casa da maneira que quiser. Pode escolher como e o que quer pensar sobre si mesmo, sobre os outros, a vida e o mundo ao seu redor. Você é o designer de interiores da sua própria mente, não importa o que lhe disseram sobre a importância e a durabilidade da decoração inicial.

Desapegando-se dos pensamentos

Certo. Você sabe de onde vieram seus pensamentos sobre si mesmo e está começando a pensar se os pensamentos que recebeu devem ser mantidos, portanto, é hora de romper com os padrões do seu cérebro.

Nós estabelecemos que muitas das coisas que você pensa sobre si talvez não tenham nascido com você. Dando mais um passo adiante, você não é de forma nenhuma seus pensamentos. Independentemente do que está retumbando na sua mente, *você não é os seus pensamentos*. Você é o único *que pensa* os seus pensamentos.

Do que você está falando, Julia? Eu sei. Continue comigo.

Vou falar de novo: *você não é os seus pensamentos. Você é o ser consciente que pensa os seus pensamentos.* Bum! E como sabemos disso? Porque você pode pensar sobre o pensamento. Você pode literalmente fazer uma pausa e contemplar os pensamentos que passam pela sua mente a qualquer momento. Experimente fazer isso agora mesmo. No que está pensando? E o que você pensa sobre o que está pensando? É um quebra-cabeças, mas é o que está acontecendo.

Nossa experiência emocional como seres humanos é criada pelos nossos pensamentos. Tanto que nos tornarmos mais responsáveis pelos nossos pensamentos é a chave para nos tornarmos mais responsáveis pelas nossas emoções. Parte de estar no controle dos seus pensamentos é resistir à tentação de acreditar em cada ideia que entra no seu cérebro.

Desapegar-se de seus pensamentos é dar um passo atrás, observar o que seu cérebro está fazendo e decidir em que medida você quer acompanhar o que está acontecendo. Quando você consegue se desapegar, pode decidir quais pensamentos manterá sem muita dificuldade. Cultivar a observação desapegada afasta você da crença automática daquilo em que você pensa e cria espaço entre você e seus pensamentos. Isso aquieta a mente e o ajuda a estar presente, a ponto de você não ficar refém da sua mente.

Criar esse espaço na mente é um conceito simples, mas pode ficar complicado. Nosso cérebro — sobretudo no estado primitivo — fica muito mais confortável reagindo do que respondendo. No entanto, quando seguimos nosso instinto em situações que não são de vida ou morte, o tiro pode (e provavelmente vai) sair pela culatra. Quando desenvolvemos nossa habilidade de desapego, estamos desenvolvendo nossa capacidade de *responder*. E quando respondemos, não estamos apenas nos dando tempo para tomar decisões a respeito do nosso comportamento, mas também para decidir o que pensamos sobre nossos pensamentos e agir dessa forma.

Há pouco tempo, eu queria surpreender uma amiga querida com um presente de aniversário extravagante, mas, para fazer a surpresa, eu precisava de uma colaboração discreta do marido dela. Escrevi um e-mail para ele com todos os detalhes gloriosos, cliquei em "enviar" e esperei ansiosamente pela resposta. Eu estava tão animada que desejava que o e-mail fosse recebido com (quase) o mesmo nível da minha animação. Quando ele respondeu no dia seguinte, logo na primeira linha fiquei desanimada. "É uma boa ideia, mas..." — seguido por muitos outros "mas". A alegria que me fizera flutuar nas nuvens nos dias anteriores me fez afundar em um sentimento de decepção.

Aqui está a parte interessante. Minha reação ao e-mail dele não foi de decepção apenas porque ele não estava de acordo com a execução daquele plano épico. Na verdade, nem era isso. Meu cérebro imediatamente se voltou contra mim com uma infinidade de autocríticas. *Droga. Tenho certeza de que ele achou tudo isso uma bobagem. Eu sou um fracasso. Ele deve achar que ela nem ia querer fazer uma longa viagem de aniversário comigo e está apenas tentando pôr um ponto-final no plano para salvá-la de tamanha bobagem.* Sem brincadeira, foi o que pensei (e muito mais nessa mesma linha).

Eu gostaria de poder dizer que logo percebi o absurdo dos meus pensamentos, principalmente porque essa mulher é minha melhor amiga desde que tínhamos dezessete anos. Mas, infelizmente, não posso, pois o cérebro humano nem sempre é tão razoável. Depois desse golpe na minha autoestima, causado por nada mais do que meus próprios pensamentos e de vários minutos mentalmente sofríveis, consegui respirar e dar um passo atrás. Só então pude ver o que estava acontecendo e mudar meus pensamentos, que passara a ser do tipo: *Certo. Esses pensamentos são sobre o que estou fazendo o e-mail dele significar para mim, por isso estou me sentindo péssima! Meus pensamentos são a única coisa que cria todo esse drama. Não tenho que acreditar neles só porque eles existem.*

Agora que estava calma, pude considerar outras razões para que a resposta dele não fosse a que eu queria e esperava. Ele poderia estar preocupado com a surpresa porque não tinha certeza se ela teria tempo de planejar e se preparar para uma viagem longa. Ele poderia estar apreensivo por planejar uma viagem longa no meio do outono, pois seus três filhos tinham atividades programadas para os fins de semana. Ele poderia estar preocupado com o fato de que os filhos pudessem ficar chateados por ela ir embora sem eles, em uma viagem longa e divertida. *Ele* poderia querer ir a algum lugar com ela na ocasião. Eles poderiam já ter conversado sobre o que ela queria fazer para comemorar.

Viu quantas outras opções meu cérebro teve para escolher? E citei apenas algumas. O que quer que eu estivesse pensando sobre o e-mail dele eram pensamentos alternativos, não necessariamente verdadeiros. Para dar um passo adiante, mesmo que o raciocínio dele estivesse um pouco alinhado com meu processo de pensamento original — que de fato ele achava que a esposa não gostaria de fazer uma viagem de aniversário comigo por um motivo ou outro —, isso ainda não significava que eu era uma burra fracassada. Mais uma vez, esses pensamentos sobre o que a recusa diz a meu respeito são opcionais. Não são fatos. A falta de interesse ou a recusa não são um reflexo do meu valor como ser humano, assim como a reação padronizada do seu cérebro depois de decepções semelhantes não é um reflexo do seu valor.

capítulo treze

"ISSO É PESSOAL"

Levar para o lado pessoal. É tão difícil não fazer isso. O cérebro humano tem um jeito engraçado de nos fazer pensar que somos o centro do universo, não é? Bomba da verdade: nada é pessoal. Mesmo que alguém faça algo ofensivo e continue com a transgressão declarando, na verdade, que "isso é pessoal", ainda não é. Cada atitude que a pessoa toma é baseada nos seus próprios pensamentos e sentimentos. Seus *próprios* pensamentos. Ela está fazendo escolhas de comportamento por causa do que está pensando — mesmo que esteja pensando em você, os pensamentos dela ainda são dela.

Em geral, no dia a dia, a maioria das pessoas não está tramando planos elaborados contra você. Elas estão fazendo coisas para si mesmas com base no que querem, precisam e pensam. Seu chefe já lhe disse algo grosseiro e depois disso você pensou que, provavelmente, foi porque ele não gosta de você ou porque você fez algo errado? O que você pensaria se soubesse que ele brigou com o parceiro em casa naquela mesma manhã?

Don Miguel Ruiz, em seu clássico internacional *Os quatro compromissos*, descreve esse conceito maravilhosamente: "Nada que os outros façam é por sua causa. O que os outros dizem e fazem é uma projeção da própria realidade deles". Em outras palavras, os atos deles derivam dos pensamentos deles (assim como seus atos derivam dos seus).

Investigador do pensamento

Outro exemplo da minha própria experiência — levar as coisas para o lado pessoal era comum para mim antes de aprender a administrar minha mente — aconteceu quando uma amiga minha de outra cidade tinha vindo passar uns dias por aqui. Sabendo que ela estava prestes a chegar, mandei uma mensagem animada apenas para descobrir que ela tinha outros planos durante os únicos horários em que eu estava livre (e que eu havia comunicado a ela semanas antes). E, embora meu cérebro pudesse ter interpretado essa mudança dos fatos de muitas maneiras, como ela ter imaginado que minha agenda era flexível e que poderíamos nos ver em outro horário, ou ela ter se esquecido de quando eu estava livre, ou de termos tido uma falha de comunicação em algum momento, nenhuma dessas opções mais razoáveis veio à minha mente. Não, não no meu cérebro. Meu cérebro só pensava: *Minha nossa! Ela nem valoriza o meu tempo. É provável que ela nem se importe em me ver. Ela nunca se importou comigo, de todo jeito.*

Mas há muitas evidências que apontam para o fato de que essa pessoa gosta de mim e me valoriza, embora naquele momento meu cérebro estivesse tentando me convencer do contrário. Felizmente, consegui controlar meu cérebro gerador de vergonha antes que ele ficasse fora de controle e me perguntasse o porquê. Por que meu cérebro estava interpretando essa simples situação como uma séria ameaça ao fato de eu ser querida? Quando parei por um momento, a resposta veio rapidamente.

Percebi, embora não tivesse nenhuma relação, que esse fato estava desencadeando a memória emocional de uma das situações mais dolorosas pelas quais passei. Quando estava no ensino médio, tive a terrível experiência de viver um tipo de *Meninas malvadas.*

Um dia, aparentemente do nada, todas as minhas melhores amigas decidiram que eu era uma fracassada e não faria mais parte do nosso grupo. Eu estava fora. Simples assim. Não sobrou uma única amiga. Não só eu estava fora, como também durante meses fui alvo de humilhações, fofocas e *bullying* desse grupo de garotas que antes considerava amigas verdadeiras.

Assim, já adulta, quando minha amiga não teve tempo para mim como eu esperava, meu cérebro conectou esse fato à minha experiência de ser condenada ao ostracismo. Curiosamente, ela tinha confundido os horários na sua agenda; portanto, ao contrário dos meus pensamentos originais, minha possibilidade de ser querida não estava à beira da extinção. Ainda bem que não deixei meu cérebro embarcar naquele trem, hein?

Nossas fortes reações emocionais, em geral, não se referem ao fato em si; elas dizem respeito ao que achamos que a situação significa para nós. Minha reação não se baseou apenas em pensar que minha amiga não se importava comigo; eu achava que, se isso fosse verdade, significaria que eu não era mais querida. Quando você estiver tentado a levar alguma coisa para o lado pessoal, nunca subestime o poder de se perguntar: *Quais são minhas outras opções de pensamento?*

Exercício: como deixar de levar alguma coisa para o lado pessoal

Quando você tem o hábito de levar as coisas para o lado pessoal, há um método simples que pode usar para evitar fazer isso:

1. Pense em uma situação que o ofendeu pessoalmente, na qual você tenha pensado que alguém fez ou disse algo para menosprezá-lo;

2. Agora, dedique um ou dois minutos a considerar que outras explicações pode dar para atitudes que não se referiam a você:

- É possível que a pessoa que o aborreceu estivesse em um dia ruim e tivesse descontado suas emoções em você?
- É possível que a pessoa não soubesse que estava falando ou agindo de maneira que você poderia interpretar como ofensiva?
- Será que você não interpretou o que ela disse, fez, recusou etc. como sendo a seu respeito, quando na verdade não era?

3. Explore e anote cinco opções que podem explicar o comportamento do ofensor de uma maneira que não tenha nada a ver com você;

4. Anote como sua visão do fato mudaria se alguma dessas cinco opções for verdadeira.

Sempre que seu cérebro estiver tentado a levar algum fato para o lado pessoal, faça este exercício e desafie-se a pensar nessas explicações que não têm nada a ver com você — a pessoa estava cansada, precisava de uma pausa, ou se distraiu. Dê alternativas para o seu cérebro considerar.

De verdade: não tem nada a ver com você.

Quando parecer pessoal

Quando você estiver levando algo para o lado pessoal, é bom entender o porquê. Faça a si mesmo as três perguntas a seguir para entender melhor o que está acontecendo na sua mente em uma determinada situação:

1. *Por que isso está me causando tanto aborrecimento?* O que está me aborrecendo tanto a respeito disso? O que os meus pensamentos estão me dizendo?

2. *O que estou querendo dizer com isso?* Meus pensamentos sobre esta situação estão de algum modo me dizendo algo

negativo sobre mim? Eles estão me dizendo que eu não sou valioso o suficiente, bom o suficiente etc.?

3. *Quando me senti assim antes?* Existe um trauma passado sendo desencadeado por este fato? Que dor ou mágoa do passado me vem à mente quando penso na minha vida ou nas minhas experiências?

Conclusões

- Nada que outras pessoas digam ou façam tem a ver com você;
- Mesmo quando parecer que sim, tudo o que alguém faz ou diz reflete o que está acontecendo dentro dela, e só dela;
- Quando leva os fatos para o lado pessoal, você esquece que as outras pessoas estão agindo "a favor" delas mesmas e não "contra" você;
- Para ajudá-lo a levar menos as coisas para o lado pessoal, considere motivações alternativas e que não lhe dizem respeito que possam estar por trás do comportamento do ofensor.

Sugestão para o diário: como eu me comportaria se não levasse nada para o lado pessoal?

capítulo catorze

"QUEM SOU EU?"

Viés de confirmação

Já se perguntou por que seu cérebro aparece com evidências para fazer você se sentir pior quando já está se sentindo para baixo, derrotado, exaurido ou desanimado?

Digamos que sua participação em um noticiário de TV ao vivo não tenha ido bem e você esteja sentado em seu carro chorando de frustração porque você se atrapalhou com as palavras e perdeu a linha de pensamento no meio da frase. Neste exato momento de vulnerabilidade intensa, seu cérebro aproveita e começa passar um filme das situações em que você se deu mal. Aquela vez que você arruinou uma apresentação no trabalho. Aquela vez no primário que você ficou paralisado na frente de toda a turma enquanto apresentava seu projeto. E mais dez vezes. A trilha sonora desse adorável filme mental é: *Viu, eu avisei. Você não está preparado para isso. Você não tem o que é preciso. Você estava delirando ao pensar que poderia ir bem em algo assim.* Dá para ver que estou falando por experiência própria?

Um astro da memória seletiva, seu cérebro escolhe ativamente quais "provas" apresentar para comprovar sua inadequação. Esse fenômeno é conhecido como viés de confirmação. Alguma coisa acontece (a entrevista vai mal), daí você fica pensando sobre isso (*Não posso acreditar que fiz isso, eu sou um fracasso*), e então o cérebro vasculha o seu arquivo inconsciente e encontra uma série de cenas semelhantes do passado, com o objetivo de confirmar o que você está pensando (montando um vídeo personalizado das falhas da sua vida inteira).

Você pode estar pensando: *Mas, Julia, tudo isso aconteceu mesmo. Não é uma prova de que eu não consigo fazer nada certo?* Uma resposta bem curta: não! Apesar de esses fatos terem mesmo acontecido, seu cérebro, por meio do viés de confirmação, está se lembrando seletivamente apenas das suas falhas. Ao mesmo tempo, está esquecendo de propósito todas as vezes que você se saiu bem, que tudo deu certo e seus esforços foram um sucesso. E essas vezes? Seu cérebro gosta tanto de estar certo que bloqueará toda uma categoria de experiências, também conhecida como a pasta "todas as vezes que venci". Sorte sua, agora você sabe que o espetáculo acabou.

Viés de negatividade

No cérebro humano também existe o chamado "viés de negatividade", que foi descoberto pelos psicólogos Paul Rozin e Edward Royzman. A pesquisa deles observou que a tendência do cérebro é não apenas se concentrar mais no mal do que no bem, mas também concentrar-se apenas nele. Se não for gerenciado, seu cérebro se dedicará automaticamente a pensamentos negativos sobre o mal do passado, do presente e até do futuro. A configuração de fábrica do seu cérebro é concentrar-se no que faz você ser inadequado, indigno ou antipático. Colocar seu cérebro em um estado neutro ou positivo não é nada fácil.

A pesquisa de Rozin e Royzman sugere que o viés da negatividade era destinado originalmente à nossa autopreservação. Se saísse andando pelo deserto em uma tarde ensolarada, esperando estar seguro, você deixaria de ouvir os predadores, de monitorar o clima ou tantas coisas horríveis que poderiam prejudicá-lo. Os seres humanos pré-históricos precisavam estar cientes do potencial de perigo para se manter vivos.

Embora isso ainda seja verdade em certas circunstâncias, não tomamos mais cuidado com leões ou elefantes em debandada todos os dias. Agora estamos lidando com momentos constrangedores em reuniões, preocupados porque alguém não respondeu a um e-mail nosso ou porque nosso chefe está nos olhando de um jeito estranho. *Tudo* isso faz com que nosso viés de negatividade entre em ação, forçando-nos a pensar em todas as coisas ruins que podem acontecer. Nosso cérebro simplesmente não acompanhou os tempos e, portanto, amplia o que passa longe de ser uma ameaça, como ir mal em uma entrevista, como se esse fracasso fosse uma ameaça à nossa vida. O cérebro acredita que está preservando sua vida ao fazê-lo nem aparecer para a entrevista; no entanto, ele só está prejudicando-a. Ele deixa você com a crença de que sua vida é difícil, decepcionante e sofrida.

O que tanto o viés de negatividade quanto o viés de confirmação não conseguem reconhecer são as experiências conflitantes e as memórias positivas armazenadas com segurança nos seus arquivos cerebrais. E é seu trabalho, como gestor da sua mente consciente, lembrar de modo intencional dessas experiências e memórias e reproduzir o filme mental para si mesmo. Entre suas lembranças dolorosas há histórias de esperança, amor, alegria, celebração, segurança e sucesso. Embora elas não devam substituir suas lembranças dolorosas, pois estas podem ser úteis de vez em quando, você deve colocá-las na balança para que possa criar uma história completa, que inclua tanto as histórias de luta quanto as de redenção.

O advogado do diabo

Muitos anos atrás, participei de um treinamento intensivo de uma semana com o renomado especialista em terapia cognitivo-comportamental David Burns. (Se quiser *me* impressionar, me mostre o trabalho de um pesquisador de psicologia humana!) Durante uma das sessões, o dr. Burns pediu ajuda de um voluntário. Meu desejo de estar perto e conhecer uma das maiores mentes do nosso tempo logo superou meu pavor de exposição pública e levantei minha mão suada sem nem pensar. Como uma garota que nunca tinha sido a primeira em nada, quando ele me chamou ao palco, na frente de cem outros terapeutas, meus sentimentos de terror e redenção estavam no auge.

Ele passou a me guiar em um exercício chamado "Advogado do diabo". Ele começou me pedindo para lembrar uma situação recente durante a qual tinha me sentido péssima. Com o dr. Burns e o restante do salão lotado ouvindo atentamente, contei que recentemente tinha ido acampar com meu marido, minha irmã, minha melhor amiga, o marido e a irmã dela. Durante a viagem, minha melhor amiga e a irmã saíram várias vezes juntas sem convidar os demais (ou seja, eu), e isso não saía da minha cabeça.

"Certo", ele respondeu. "Então, por que você ainda está pensando nisso? Por que isso ainda está incomodando você? O que o fato de ela ter saído com a irmã significava para você?"

"Bom", respondi timidamente, meu estômago revirava como uma panqueca, "talvez que ela não me valorizasse tanto quanto eu a valorizo. E talvez que eu não fosse querida".

Embora fosse bem desgastante emocionalmente, o exercício estava longe do fim. Ele disse que o exercício iria continuar com ele atuando como se fosse a minha própria voz negativa interna, verbalizando todas as palavras críticas, mesquinhas e desagradáveis que eu estivesse pensando sobre meu direito de ser amada. Meu papel era me defender e "vencer" a discussão.

Respirei o mais fundo que pude, tentando me preparar mentalmente. O diálogo foi mais ou menos assim:

Voz negativa interna da Julia (dr. Burns): Ei, Julia, essa sua amiga, ela não passou muito tempo com você na viagem. Isso deve significar que ela realmente não gosta de você, certo?

Eu: Só porque ela queria passar um tempo com a irmã não significa que ela não se importa comigo. Somos amigas há anos. Eu sei que ela gosta de mim.

Voz negativa interna da Julia: Sei... Essa não é a primeira vez que alguém escolheu passar um tempo com outra pessoa em vez de estar com você, não é mesmo?

Eu: Não tenho que ser o centro do mundo para ser um ser humano de valor. Meus amigos nem sempre são o centro do meu mundo. Gosto de estar com pessoas diferentes, também.

Voz negativa interna da Julia: Pode ser, mas se ela gostasse mais de você, escolheria você em vez de qualquer outra pessoa para passar o tempo. Ou pelo menos ela a convidaria para ir junto.

Eu (me defendendo com unhas e dentes): O fato da minha amiga não passar cada minuto comigo na nossa viagem não significa que eu não seja digna, querida ou então que não tenha valor. Mesmo que ela não quisesse passar tempo comigo ou mesmo que nossa amizade não significasse muito para ela, essa não seria uma prova objetiva do meu valor. Meu merecimento não é determinado por ninguém. Eu sou querida e digna porque estou aqui neste planeta, e minha existência é o único pré-requisito para provar a existência do meu valor!

Garanto que essa fala não foi seguida de uma cachoeira de lágrimas em público que purificou minha alma. Naquele momento, senti que os anos em que fui atormentada pela falta de merecimento finalmente começavam a se curar. David — assumindo o papel da minha voz interior, me dizendo que eu não era suficiente —, por fim, me levou a lutar pelo meu direito de existir. Esse é o poder do pensamento. Do meu, do seu, do nosso. O pensamento muda nossa vida.

Exercício: quem sou eu?

Este exercício foi elaborado para ajudá-lo a construir um bom relacionamento consigo mesmo. Em qualquer relacionamento saudável, quanto mais você conhece alguém, mais entende, se conecta e valoriza profundamente a pessoa. Isso também é verdade quando tratamos do seu relacionamento consigo mesmo, embora poucas vezes tenhamos tempo para nos conhecer de verdade (e depois nos perguntamos por que nos sentimos instáveis emocionalmente). Hoje você vai encerrar esse ciclo. Reserve alguns momentos agora para se conhecer um pouco melhor utilizando as perguntas a seguir. Os benefícios deste investimento valem a pena. Acredite em mim, afinal, fui a pessoa que chorou na frente de alguém que admirava e de cem dos seus seguidores.

1. *Do que eu gosto/não gosto?*

De que tipo de comida você gosta? Quais assuntos lhe interessam? Por quais tipos de pessoa você é atraído? De quais experiências você gosta? Gosta de estar com outras pessoas ou de ficar sozinho? Gosta de exercitar seu corpo, sua mente ou ambos? Gosta de uma conversa profunda ou de uma reflexão solitária? Liste o máximo de coisas que puder. Quando terminar, faça o mesmo com o que você não gosta — às vezes, é mais fácil pensar naquilo de que você não gosta. O que o provoca? O que o enfurece? O que você quer bem longe? Que ideais você não pode seguir? Quais são suas implicâncias? Faça uma lista completa.

2. *O que é importante para mim?*

O que é importante para você? Ou quem? Como você quer ajudar o mundo e fazer a diferença? Existe alguma coisa em que você goste de estar envolvido ou em que gostaria de se envolver? Analise com profundidade os seus valores e as suas crenças em uma ampla variedade de aspectos (ou seja, religioso, político, interpessoal, social etc.).

3. *O que é fácil/difícil para mim?*

Talvez você nem note com frequência o que acha fácil. Dedique tempo a pensar no que você faz sem ter que pensar muito a respeito — alguma coisa que talvez não seja tão fácil para todos. Você é um excelente orador? Você tem talento para a escrita? Um atleta nato? Um artesão criativo? Seria um estudante profissional se pudesse? Sempre se pega ensinando aos outros? Suas mãos são mágicas? Sua mente é ágil? Pode sintonizar as emoções de outras pessoas como se fossem uma estação de rádio? Você é um líder nato? Ou um excelente seguidor? Depois de relacionar tudo em que é incrível, vá para o lado oposto. O que é difícil para você? Em que você tem um pouco mais de dificuldade do que os outros? Não se esqueça de que esta é uma atividade de busca de informações, e não de crítica. Seja neutro.

4. *O que me ilumina?*

Adoro explorar esta questão; é brilhante (trocadilho intencional). Então, o que o ilumina? Conexão, leitura, música, pessoas, lugares, arte, movimento, descanso? O que o anima e lhe traz alegria? O que faz você se sentir conectado e vivo? Relacione tudo.

Sem pressa, vá anotando os seus pensamentos sobre essas perguntas em seu diário. Explore todas essas perguntas nas próximas semanas e, talvez o mais importante, divirta-se durante o processo.

Você deve saber quem você realmente é.

Conclusões

- Só porque você tem um pensamento não significa que ele seja verdadeiro. Seus pensamentos nem mesmo são originalmente seus, em muitos casos;

- Seja justo — não se concentre apenas nas experiências negativas do seu passado;
- Da próxima vez que seu cérebro estiver fazendo você se sentir horrível, responda ao amontoado de críticas internas e mostre a elas quem é que manda;
- Construir um relacionamento consigo mesmo é tão importante quanto construir relacionamentos com os outros.

Sugestão para o diário: que pensamentos de autocrítica estiveram por muito tempo em primeiro plano no meu cérebro? O que aconteceria se eu os expulsasse dali?

capítulo quinze

"NÃO SOU BOM O SUFICIENTE"

Pergunta séria: como você saberia que é bom o suficiente? Dedique um minuto ou dois a pensar sobre isso.

Agora, vamos voltar ao cérebro primitivo por um momento. Lembra-se de como nosso medo de julgamento é um instinto de sobrevivência? Há muito tempo, quando vivíamos em tribos, totalmente dependentes uns dos outros para nossa sobrevivência, não podíamos correr o risco de ser expulsos do nosso clã. Ser enviado para o deserto para cuidar de si era uma receita quase certa para a morte. Assim, a simpatia e a solidariedade foram as principais características que permitiram que nossos ancestrais se encaixassem em sua tribo e sobrevivessem. E, apesar de esses traços ainda serem valorizados na sociedade moderna, seria um desserviço não chamar a atenção para o óbvio desequilíbrio de como esses traços continuam sendo importantes a depender do gênero da pessoa.

Durante séculos e séculos, as mulheres foram socializadas de forma a ter seu valor atrelado ao que elas podiam fazer pelos outros. Elas foram criadas para acreditar que o único jeito de terem algum valor era ajudando, curando e nutrindo os outros. Ser gentil e compassiva é uma coisa linda, é claro. Mas quando a generosidade vem à custa do próprio bem-estar, não é tão bonito quanto parece.

No livro *Indomável*, Glennon Doyle comenta como a sociedade concordou coletivamente que o epítome de uma mulher valiosa, admirável e notável é ser altruísta. Em essência, uma mulher que abriu mão de si mesma em prol dos outros é a aspiração. Uma mulher que abdica do seu eu é o ideal. Bem, não é de admirar que as meninas cresçam pensando que é responsabilidade delas fazer os outros felizes à custa de desistirem de si mesmas. Se lhe dizem por muito tempo que todos os outros devem ser atendidos sem que seus próprios desejos ou suas próprias necessidades sejam consideradas, você certamente passará a acreditar nisso.

Para ser justa, existem homens em que esse senso de excesso de responsabilidade chega ao ponto da autonegligência. No entanto, as mulheres foram amplamente socializadas dessa maneira como gênero. Já tive muitos casais no meu divã cuja dinâmica do relacionamento torna isso evidente. O marido que anuncia que estará no campo de golfe o dia todo no sábado e nem pensa que deixará a mulher em casa com os filhos e as tarefas domésticas. A mulher, por outro lado, pede permissão para um jantar de duas horas com uma amiga. E se a permissão for dada, ela passará boa parte do dia cozinhando, preparando e planejando a noite para deixar o mínimo possível de responsabilidade para ele, enquanto ele estiver em casa, segurando as pontas.

Essa dicotomia está presente mesmo em muitos relacionamentos modernos, sem que ninguém pense que há um desequilíbrio. Mas a questão é: como você poderia se sentir bem se é valorizada apenas com base no que faz pelos outros ou em quanto abre mão de si mesma?

Mais a respeito da autoaceitação

E se quem você é agora, neste momento, já for bom o suficiente? Se você for se valorizar por quem é, isso também significa que você tem que ser quem é. É bom se sentir bem consigo mesmo, mas ser você mesmo sem desculpas já é o próximo nível. Com que frequência você medita sobre tudo o que ainda precisa realizar, adquirir, mudar, melhorar ou se tornar antes de se sentir bem o suficiente?

Eu vivi constrangida com meu corpo por muito tempo, em parte porque minhas pernas grossas eram chamadas de "coxas de chester" ou "patas de elefante" desde meus onze anos. Em algum momento, comecei a acreditar que havia algo inferior no meu corpo, o que se traduzia em algo inferior em mim. (Além do altruísmo, espera-se que as mulheres atendam a uma proporção cintura-quadril específica, mas que vive mudando ao longo do tempo.)

Cresci respirando a publicidade da indústria da dieta e da beleza nos anos de 1990, e acreditava que o único jeito de ser digna era encontrar uma maneira de ter as pernas finas, longas, lisinhas e sem curvas da Kate Moss. E, acredite, eu tentei. Essa ideia me perseguiu até alguns anos atrás, quando vi nas redes sociais mulheres com os mais diferentes formatos de corpo, tamanhos, composições e cores se sentindo confortáveis, confiantes e autênticas.

Pode parecer estranho, mas até então eu não sabia que tinha permissão para fazer isso. Não sabia que podia amar e aceitar meu corpo exatamente como ele era. Não sabia que meu físico não precisava se parecer com o de mulheres de revistas para que eu me sentisse bem.

Quero deixar bem claro que a autoaceitação se aplica a cada um dos seus aspectos. Quando a vergonha diz que você não é bom o suficiente e precisa ser alguma coisa ou outra pessoa primeiro, a dignidade diz que você já é o suficiente do jeito que é. Seu valor não depende de ninguém e nem de nada fora de você; ele já está lá, só esperando para ser reconhecido.

Aceitar quem você é não significa nunca trabalhar em si mesmo. Talvez você queira ser mais paciente, menos crítico, mais compassivo, ter limites mais claros ou alcançar um objetivo importante. A autoaceitação diz, porém, que você não faz essas coisas para *se tornar* uma pessoa melhor e mais digna; você faz isso porque quer *ter* algo melhor na vida. Você quer melhorar seu relacionamento com os outros e consigo mesmo, e quer ter experiências mais ricas e gratificantes na vida. Você também quer *se sentir* melhor. Quer aprender, crescer, experimentar, vivenciar e expandir-se neste curto período em que está aqui na Terra. Você não está fazendo mudanças para conquistar seu valor; você está assumindo o controle da sua vida e vivenciando o seu valor.

Leitura de mente

Com que frequência você pressupõe que sabe o que outra pessoa está pensando? Já recebeu um olhar atravessado de um colega no meio de uma reunião e pensou que ele estava julgando você? Ou quando um amigo não respondeu sua mensagem de imediato, você acreditou que ele fez isso de propósito? Você já dedicou um dia inteiro a ruminar e ruminar e se perguntar o que alguém quis dizer quando disse *x*?

Se você é como eu e o resto dos seres humanos, não é nada bom supor que todos estão pensando o pior de você.

E se, apenas por diversão, você repetisse alguns dos seus cenários de leitura de mentes e imaginasse que as pessoas estavam pensando o melhor de você? Você realmente não sabe ao certo o que elas estavam pensando; então, se vai pensar sobre os pensamentos delas de qualquer jeito, por que não escolher um pensamento que seja bom? Quer dizer, você tem mesmo essa opção.

Quando comecei a escolher pensamentos pressupondo que as pessoas estavam pensando bem de mim, muita coisa mudou. Eu me senti mais leve e com mais vigor. Incentivo-o a experimentar. Em vez de presumir que o olhar atravessado no meio da reunião foi crítico, imagine que acharam sua ideia um tanto brilhante. Substitua a ansiedade de que seu amigo ignorou pelo pressuposto de que ele se distraiu e esqueceu de responder. Você não tem a obrigação de alimentar o pior cenário, principalmente porque o melhor cenário contribui para um dia a dia muito melhor.

Ser verdadeiro

Nas palavras do ator norte-americano Sanford Meisner, "o que atrapalha a sua tarefa é a sua tarefa". A primeira vez que ouvi essa citação, não a entendi. No entanto, quando finalmente consegui raciocinar melhor, alguma coisa importante mudou dentro de mim. Pense um momento sobre isto: "o que atrapalha a sua tarefa é a sua tarefa".

Muitos seres humanos acham que suas imperfeições estão atrapalhando, então a solução é ser mais perfeito. Mais sucesso, mais realizações, mais estabilidade, mais controle, mais disciplina — e a lista continua. Se terminarmos nossa lista de tarefas, ficaremos felizes e gostaremos de nós mesmos. Mas quando você presta atenção às palavras de Meisner, ele está dizendo que o oposto é o verdadeiro. Você não precisa ser mais perfeito para se sentir bem. Na verdade, é isso que está atrapalhando você e sua tarefa de sentir-se bem. Portanto, sua tarefa, se optar por aceitá-la, é trabalhar para amar a si mesmo com suas imperfeições, em vez de fazer da perfeição o pré-requisito para isso.

Não é engraçado quantas vezes caímos nessa armadilha do pensamento em busca da perfeição? Eu sei quantas vezes caí nela. E, embora você possa pensar que sua máscara de estar-bem-preparado-e-acima-de-tudo fará você parecer brilhante e moderno, para que os outros se sintam atraídos por você, fingir ser perfeito e encenar a perfeição só mantém a conexão genuína com outros seres distante de você. Quanto mais fingir ser perfeito, menos outros seres humanos que não são perfeitos conseguirão se relacionar com você, já que ninguém é perfeito.

Tenho certeza de que você não se conecta com o que é perfeito, então por que outra pessoa se conectaria? Claro, é fácil admirar aquelas pessoas que parecem viver uma vida calma e tranquila, mostrando nas redes sociais a casa bem decorada, o sucesso sem fim, disciplina de top model e guarda-roupa impecável, mas você sente que realmente se conecta com essas pessoas? Provavelmente não, a menos que você esteja perto o suficiente delas para saber que elas também não têm tudo isso junto.

A crença de que as pessoas vão gostar mais de você se você for perfeito é uma grande e antiga mentira. Se você gosta mais das pessoas quando vê o lado bagunçado, vulnerável e imperfeito delas, vale dizer que elas vão gostar de você do mesmo jeito. Além disso, você já se sentiu desconfortável ao desabafar com uma pessoa que parece não entender o que é uma vida bagunçada? Eu já. Portanto, embora ser honesto e vulnerável possa ser assustador no começo, descobri na prática que isso leva a conexões mais profundas e significativas, porque, francamente, nenhum de nós leva uma vida à prova de bagunça.

Exercício: agradar, aperfeiçoar e realizar menos

Dedique um momento a se perguntar o seguinte:

1. Quem você está tentando agradar na sua vida e por quê? O que acha que vai conseguir se tiver sucesso e quanto seu esforço de conquistá-lo está custando a você?

2. O que você está tentando tornar perfeito na sua vida e por quê? O que acha que vai conseguir se tiver sucesso e quanto seu esforço de conquistá-lo está custando a você?

3. Em que aspecto da sua vida você está tentando superar seu desempenho e por quê? O que acha que vai conseguir se tiver sucesso e quanto seu esforço de conquistá-lo está custando a você?

Anote as suas respostas. Elas são importantes.

Medo

Há alguns anos, tomei uma decisão. Era hora de compartilhar meu conhecimento com mais pessoas além dos meus clientes. Nem todo mundo tem recursos para pagar um terapeuta, e pensei que, se compartilhasse algumas das ferramentas que eu utilizava com meus clientes em vídeos on-line, o gerenciamento da mente e a cura estariam acessíveis a outras pessoas, não só aos privilegiados. Depois de alguns vídeos no YouTube, ouvi falar, por acaso, sobre o Periscope, um aplicativo de transmissão ao vivo. Na época, meus dois primeiros filhos tinham menos de dois anos, e eu estava sentindo falta de ensinar e me conectar com outros adultos.

Só havia um problema. Eu tinha adorado a ideia, mas meu cérebro perfeccionista ficou apavorado. Nas primeiras palestras ao vivo sobre saúde mental que dei — certo, tudo bem, nas mais de cem primeiras —, meu dedo tremia incontrolavelmente antes de pressionar o botão Transmitir. Como eu sei que foi meu cérebro perfeccionista que causou esse drama? Como um relógio, depois de cada seis a dez minutos de fala, meu cérebro costumava isolar e examinar cada pequeno detalhe. *Você não esclareceu bem o ponto x. Você se esqueceu de dizer y. Você falou muito rápido/muito devagar e disse "tipo" muitas vezes.* Claro, não é ruim melhorar suas habilidades, desde que não seja terrível consigo mesmo a cada passo do caminho.

Depois de muitas, muitas tremedeiras seguidas de repreensão mental, me fiz uma pergunta em alto e bom som: "Que tal ter a coragem de ser imperfeita, Julia?". Essas palavras doeram, mesmo que estivessem apenas em minha mente. Eu estava ensinando, mas não vivendo. Então finalmente decidi que era hora de aproveitar minha coragem e correr diretamente para minhas imperfeições, em vez de fugir delas.

Ao contrário do senso comum, ser corajoso não é ser totalmente autoconfiante, nem não sentir medo. Ser corajoso é sentir-se vulnerável, exposto e inseguro, mas fazer o que se propôs a fazer de qualquer jeito. Ser corajoso é falar sobre injustiça, estabelecer um limite claro, ter uma conversa difícil ou se expor e deixar o seu eu imperfeito ser visto. Ser corajoso é decidir que o medo não o paralisará nem o manterá calado. Na verdade, ser corajoso é muitas vezes levar o medo para passear. O medo está lá, mas quem está no comando é a coragem.

Construindo a autoestima

Alerta de *spoiler*: tentar mudar a si mesmo por fora para mudar por dentro é uma batalha perdida. Você não pode curar uma ferida profunda mudando sua aparência, um relacionamento ou seu emprego. Você não pode curar sua dor com sucesso e aprovação.

Construir a autoestima é um trabalho interno, e aonde você vai não é importante, mas, sim, como está. O caminho para um relacionamento sólido consigo mesmo não é tentar ser sempre o melhor, o que mais agrada, o mais perfeito ou o mais bem preparado. Mas ser gentil.

Exercício: sua pontuação de autoestima

Você está no comando da sua autoestima? A cada pergunta à qual responder "verdadeiro" com confiança, você ganha um ponto.

1. Você tenta fazer coisas do seu interesse sem pedir a aprovação dos outros primeiro;
2. Você se permite ser imperfeito;
3. Você não "pede" elogios;
4. Você não é gentil demais para obter favores de outras pessoas;
5. Você não revisa seus e-mails várias vezes para confirmar que eles estão perfeitos antes de clicar em enviar;
6. Você sabe que, se alguém não gosta das escolhas que faz, isso nem sempre significa que você esteja errado;
7. Você não se culpa quando comete erros;
8. Você não fica deitado na cama à noite se preocupando com o que as pessoas pensam de você;
9. Você não passa muito tempo tentando se tornar outra pessoa;

10. Você consegue comemorar as realizações das outras pessoas;

11. Você consegue comemorar suas próprias realizações, as grandes e as pequenas;

12. Você não vê problema em passar um tempo sozinho;

13. Você é capaz de ser flexível quando surgem mudanças;

14. Você não leva as coisas para o lado pessoal com muita frequência;

15. Você acredita que merece uma vida boa, com amor e sucesso;

16. Você confia em sua capacidade de se adaptar a mudanças;

17. Você não se sente ameaçado diante de desentendimentos com os outros;

18. Você não se compara com os outros com muita frequência;

19. Você não vê problema se nem todos gostarem de você;

20. Você não tenta fazer com que todos gostem de você.

Se a sua pontuação foi:

15-20: Olha só! Bom trabalho! Seu relacionamento consigo mesmo parece estar indo bem.

10-15: Não se desespere, você só precisa se reconectar consigo mesmo. Valerá a pena.

0-10: Ei, amigo, você está precisando de um pouco de amor-próprio e autocompaixão! Nunca se esqueça de que você é digno. Ninguém é perfeito e, definitivamente, ninguém tem tudo planejado.

Nathaniel Branden é considerado o pai da autoestima depois de escrever o best-seller *Autoestima e os seus seis pilares*. Na sua pesquisa, ele descobriu que nossa autoestima pode ser dividida em duas partes: autoeficácia e autorrespeito. A autoeficácia é a sua crença na capacidade de ser bem-sucedido no que se propõe a fazer. É acreditar que você tem pelo menos algum controle sobre sua motivação, seu comportamento e seu ambiente social. É saber que, embora não controle suas circunstâncias, você sempre pode escolher o que fazer nelas.

O autorrespeito, por outro lado, refere-se ao valor. É responder às perguntas: quanto você se valoriza? Quanto está conectado com seu senso inerente de dignidade? Acredita que merece ser feliz e ter uma vida boa? Você entende o valor de apenas ser você mesmo? Com que frequência você presta atenção a si mesmo e valoriza seus desejos, suas necessidades, suas preferências e suas perspectivas? Você está controlando sua própria vida e suas próprias escolhas? Se quer um relacionamento sólido consigo mesmo (ou qualquer relacionamento saudável), é fundamental se respeitar.

Há pouco tempo, eu estava almoçando fora sozinha quando tive uma revelação. Percebi que gostava de mim. Quer dizer, eu *realmente* gostava de mim. Eu gostava dos pensamentos que passavam pela minha cabeça enquanto eu comia a canja de galinha e o pão de fermentação natural. Eu gostava de estar comigo mesma e estava adorando minha própria companhia. Depois de anos de uma relação tumultuada comigo mesma, na qual muitas vezes me senti mal por ser quem eu era, apenas sentar e aproveitar minha companhia era libertador.

Seu verdadeiro parceiro de vida

Você é a única pessoa com quem tem a garantia absoluta de viver todos os momentos, desde seu nascimento até sua morte; por isso, se não está se dedicando a esse relacionamento todos os dias, é hora de começar. Se você não tem certeza de como fazer isso, posso garantir que é mais fácil do que pensa. Pense em um relacionamento da sua vida que você descreveria como forte, seguro e confiável. Agora, pense em tudo o que compõe esse relacionamento. O que essa pessoa faz ou diz para você se sentir bem por estar com ela? Como ela fala com você? Ela o desanima e destaca todas as suas falhas e fraquezas com frequência? Ou ela o incentiva, cuida de você e o apoia? Ela minimiza os seus sucessos? Ou ela os comemora e reconhece mesmo os pequenos passos na direção certa? Suas respostas vão lhe dizer como você deve trabalhar em seu relacionamento consigo mesmo.

O seu relacionamento consigo é importante, mas, curiosamente, em geral é o que você tende a deixar em segundo plano. O tempo gasto em seus relacionamentos externos é bem gasto, mas você também precisa encontrar força, amor e cuidado no seu interior. Seu senso de si é a base de tudo que você faz, então quando não está se sentindo bem consigo mesmo, a vida não parece boa.

Quando seu relacionamento consigo mesmo é negligenciado, os seres humanos normalmente reagem de três maneiras: fechando-se, tentando ser agradáveis/bons/perfeitos demais ou sentindo vergonha e depois se recolhendo. Por outro lado, quando se conhecem e têm certeza de quem são, eles se apresentam de forma diferente — e melhor, ouso dizer. Quando você não está lutando constantemente com a vergonha por estar no controle, você está fadado a estar mais presente, a ser mais paciente, conectado, respeitoso e eficiente. Portanto, trabalhar em seu relacionamento consigo mesmo não apenas faz com que você se sinta melhor, mas também faz do mundo um lugar melhor.

Conclusões

- Seja verdadeiro. As outras pessoas vão gostar mais de você, e você também (que é a parte mais importante);
- Em vez de pressupor que as pessoas estão pensando o pior ao seu respeito, tente supor que elas estão pensando o melhor;

- Construir sua autoestima é um trabalho interno. Ela é formada por um sólido relacionamento pessoal baseado em como você se trata;
- Você vive consigo mesmo desde seu nascimento até o fim da sua vida, então vale a pena investir em si.

Sugestão para o diário: quando estou me sentindo mais seguro e confiante em quem sou, no que fico pensando? O que aconteceria se eu tivesse mais esses pensamentos?

capítulo dezesseis

"EU SOU UM FRACASSO"

"Eu sou um fracasso."

Essa afirmação geralmente atende a dois objetivos: 1) fazer você se sentir péssimo e 2) impedi-lo de tentar coisas novas, interessantes, gratificantes ou bonitas, para que você não acabe se sentindo péssimo outra vez. Em poucas palavras: essa é uma afirmação totalmente inútil em sua vida — a não ser que você goste de se sentir mal e ficar travado.

"Não faça isso!", sua mente diz. "Nem se arrisque a candidatar-se a esse novo emprego. Você quer mesmo se sentir horrível outra vez se não for contratado para a vaga? Ou, pior, se você nem passar para a fase da entrevista?"

"Não abra a sua própria empresa", seu cérebro diz com um revirar de olhos (sim, neste cenário, seu cérebro tem olhos). "A maioria das pequenas empresas fecha, então é provável que a sua feche também. Preparar-se para o fracasso parece um bom uso do seu tempo?"

"Não convide aquele outro ser humano aparentemente estável, interessante, lindo e completamente adorável para um encontro com você", aquela voz irritante na sua mente diz. "Ele provavelmente vai dizer 'não'. É esse tipo de rejeição que você está procurando em uma sexta-feira?"

Embora a parte do seu cérebro que está tentando protegê-lo da dor pareça ter ótimas intenções, o seu medo de experimentar um pouco de desconforto emocional temporário (que, lendo este livro, você sabe que é bem menos ameaçador) acaba impedindo-o de viver uma vida rica e significativa. O que você está deixando de fazer agora porque seu medo do fracasso venceu? O medo, à sua maneira, estava tentando mantê-lo seguro (dentro do que se considera razoável), porque, afinal, tudo o que você se propôs a fazer é arriscado, não é?

Na maioria das vezes, a resposta é não. Você apenas experimentará um resultado que não queria, o que provavelmente não equivale a uma catástrofe mundial.

Para ajudar a redirecionar seu cérebro quando ele estiver impedindo você de viver sua vida com plenitude, tenha estas afirmações em mente:

- "Agradeço por tentar me manter em segurança, mas esta não é uma situação perigosa ou arriscada. Se não sair do jeito que eu quero, pode ser desconfortável, mas vou arriscar. Estou disposto a correr esse risco."
- "Agradeço a você por tentar me manter em segurança, mas eu dou conta. Consigo lidar com qualquer coisa que aconteça."
- "As coisas não precisam ser do meu jeito para que eu fique bem. Eu vou ficar bem, não importa o resultado."
- "Posso fazer coisas difíceis. Já fiz antes e farei novamente."
- "Já cheguei até aqui e não vou desistir agora."
- "Sou apaixonado por isso e vou continuar indo atrás, mesmo que nem tudo saia exatamente como eu quero."

Isso não significa que você não vai tremer quando entrar na arena da vida, mas seu medo de um resultado abaixo do ideal não vai impedi-lo de lutar. Lembre-se: ser corajoso não é não ter medo; é agir enquanto o medo vem junto para o passeio.

O fracasso e seu crítico interno

O fracasso é mesmo insidioso. Ele une forças com seu crítico interno e se esforça muito para convencê-lo de que o que o representa são os seus fracassos, e não os seus sucessos. Na última vez que você fracassou, o que disse a si mesmo? Foi algo como: "Que horror! Não foi do jeito que eu queria. Acho que *isso* foi um grande fracasso"? Ou sua conversa interior tendeu mais para: "Que horror! Não foi do jeito que eu queria. Acho que *eu* sou um grande fracasso"? A diferença fundamental está nas palavras *isso* e *eu*. Dependendo de como as utiliza, você pode colocar a culpa na sua identidade em vez de apenas descrever um fato que aconteceu.

Nem tudo o que você se propõe a fazer vai sair do seu jeito. É a vida.

Você pode escolher o que o fracasso significa para você. Se optar pela neutralidade, o fracasso se torna simplesmente um resultado que você não queria ou não esperava.

Seus pensamentos determinam como você pode se sentir em relação a ele. Você pode entrar em uma espiral e fazer com que um fracasso signifique que você é incapaz, que não é bom o suficiente ou qualquer outra mensagem autodepreciadora, se essa for a sua escolha. Também pode mudar seu padrão de pensamento e fazer com que o fracasso signifique que você tem muito que aprender, e fazê-lo pensar em como pode fazer as coisas de maneira diferente da próxima vez.

Além disso, você pode reconhecer sua tentativa como um reflexo da sua coragem, em vez de deixar que o resultado seja o único fator determinante da sua experiência emocional.

O fracasso por si só não significa nada. Não há necessidade de atribuir tanta importância a ele a ponto de fazê-lo sentir-se mal consigo ou, tão importante quanto, impedi-lo de tentar outra vez. Os resultados nem sempre são sua escolha, mas como você decide pensar sobre eles é.

Como em todas as tentativas, você ou obterá o resultado desejado ou o aprendizado de que precisa.

Exercício: faça um inventário do sucesso

Toda vez que diz para si mesmo "Eu sou um fracasso", você está convidando o viés da confirmação a aparecer com todos os exemplos do seu passado que comprovam que essa hipótese está correta: "Lembra-se daquela vez que você não passou no exame?"; ou "Lembra-se de quando você trabalhou tanto naquela proposta e não deu certo?" ou "Lembra-se de quando você planejou aquela festa e quase ninguém apareceu?". *Fracasso. Fracasso. Fracasso.*

Mas não é assim que as evidências funcionam. As hipóteses não são comprovadas só com dados a favor. Na verdade, existe um nome para isso: supressão de evidências — uma maneira inaceitável de provar seu ponto de vista. O correto é considerar todas as evidências, assim você fará um inventário do sucesso. Para equilibrar seus pensamentos de autossabotagem, faça uma lista de vinte sucessos seus — os pequenos e os grandes também. Aquela vez que você tirou 10 na prova de ortografia da escola primária? Anote. Quando seu amigo lhe disse quanto você é perspicaz depois de ajudá-lo a resolver um problema pessoal? Acrescente isso à lista. Quando você marcou o ponto da vitória para o seu time? Excelente exemplo. Aquele feedback magnífico que você recebeu do seu chefe no ano passado? Registre-o com todos os detalhes. Quando fiz minha lista, aquela vez que ganhei a corrida de *slow biking* no Dia do Esporte na quinta série estava bem no topo da lista. Sabe por quê? Porque ainda tenho orgulho disso. *Slow biking* não é brincadeira — você sabe quais habilidades de equilíbrio são necessárias?

Se conseguir relacionar mais de vinte sucessos, fantástico! Anote quantas vezes você se lembra de ter sido inteligente, prestativo, perseverante, forte ou criativo. Adicione-as ao seu inventário e preste atenção em como se sente. Quem é o fracassado agora? Você é que não é, com certeza.

Como viver saltitante

Pense em alguém que não se deixa abalar pelo fracasso, alguém que não ficará travado e nem abatido quando não tiver sucesso. Você se levanta depois que cai? Você sabe como fazer isso?

Todo mundo cai, porém a qualidade da sua vida não é determinada pelas suas quedas, mas sim pela sua capacidade de conseguir levantar-se após cada uma delas. Você não precisa se aprumar logo depois da queda, mas precisa se reerguer se quiser continuar crescendo e fluindo.

Ao receber não a primeira, mas a segunda carta de rejeição depois de dedicar dois anos e meio a me preparar para uma vaga na pós-graduação (isso depois dos quatro anos e meio que levei para completar o bacharelado), eu literalmente desabei no chão, lamentando: "Por quê??? Isso não é justo!!! Por que sou tão ruim?!". No entanto, depois de passar um tempo me sentindo um tanto envergonhada, eu me levantei, tive uma conversa séria comigo mesma e decidi que não iria estragar meu sonho de me tornar terapeuta só por causa de duas cartas de rejeição péssimas. E mergulhei nos livros outra vez no dia seguinte.

O dr. Martin Seligman, criador da psicologia positiva, descobriu que as pessoas que aprendem a ter resiliência são mais felizes, mais bem-sucedidas e têm vidas mais gratificantes. Você sabe por quê? A resposta não é porque elas conquistam constantemente seus objetivos. Mas porque sabem perseverar quando falham e não têm medo do fracasso. Elas tentam mais coisas, se expõem e assumem mais riscos (dentro do razoável). Constroem mais, criam mais, tentam mais e amam mais. E, como resultado, levam uma vida mais rica e gratificante do que aquelas que são guiadas pelo medo.

O dicionário Merriam-Webster define "resiliência" como: *a capacidade de recuperar-se ou ajustar-se facilmente ao infortúnio ou à mudança*. Resiliência não é apenas absorver o acontecimento o mais rápido possível. A resiliência requer inteligência emocional, o que significa dedicar tempo a processar a falha, o revés ou o resultado indesejado.

Quando você tiver sido nocauteado, comece com uma reflexão sobre como está se sentindo e onde sente isso. Demonstre compreensão e compaixão para consigo. É compreensível que esteja desanimado, porque você se empenhou. Faz sentido que esteja decepcionado, porque você realmente queria que eles dissessem "sim". Você tinha certeza de que daria certo desta vez, então não é de surpreender que esteja se sentindo derrotado. Nesses momentos, coloque seu crítico interior em segundo plano e convide sua voz interior mais gentil para tomar as rédeas — a voz do amigo inabalável e compreensivo que está sempre a postos quando você precisa.

Depois de demonstrar compaixão pelos seus sentimentos, dê um passo para trás e dê crédito a si mesmo quando for devido. Você pode ter falhado, mas você foi lá e tentou uma coisa difícil. Você pode ter se machucado, mas você se abriu e se permitiu amar alguém. Tentar coisas grandes e ir atrás do que realmente quer exige coragem. É preciso coragem e força para tentar e falhar, ainda mais quando você não sabe exatamente qual será o resultado.

Quando pratica a resiliência, você pode tirar lições do fracasso. O que você aprendeu sobre o que não dá certo? O que aprendeu sobre possíveis estratégias? O que aprendeu sobre o que você não quer? O que aprendeu sobre você mesmo?

Recomponha-se e tente novamente.

Conclusões

- Você vai falhar algumas vezes. O fracasso é inevitável, então você pode tentar;
- Falhar é um jeito bom de aprender e crescer;
- Faça bom uso do fracasso: processe seus sentimentos, ofereça a si mesmo compaixão, se dê crédito quando for devido, encontre a lição e depois retorne.

Sugestão para o diário: o que eu faria de diferente se decidisse que falhar não é uma coisa ruim?

capítulo dezessete

"SEREI FELIZ QUANDO EU..."

Nós adoramos ficar esperando a vida melhorar. Adoramos a expectativa de acreditar que a vida finalmente ficará boa quando [insira um marcador de felicidade específico aqui]. Quando finalmente alcançarmos certo nível de sucesso profissional, quando tivermos tanto de economia, quando encontrarmos o parceiro ideal, quando nossos filhos forem independentes, quando ficarmos mais magros ou mais fortes, quando zerarmos a caixa de entrada, quando limparmos e organizarmos nossa casa, quando tivermos total controle emocional em cada interação (que antes era um gatilho) — a lista das nossas fantasias "quando eu..." é interminável. Dizemos a nós mesmos: "Minha vida será completa e finalmente ficarei satisfeito quando eu conseguir, adquirir, chegar ou concluir...". Certo? Errado.

Apesar de ter esperança ser uma coisa positiva, pois nos proporciona algo para aguardar e pelo que trabalhar, ela não é tão boa quando a espera por um amanhã melhor é o nosso foco principal. Assim nos esquecemos de nos conectar com o que é bom no nosso presente. Por mais atraente que seja, nunca vivenciamos o futuro. Nossa experiência é sempre o aqui e agora. Este momento, em algum momento do passado, foi o futuro que esperamos. É assim.

Se não conseguirmos encontrar alegria no momento presente, não a encontraremos no futuro. Em algum momento da sua vida, você esperava muito pelo que tem agora. É hora de agradecer (e dedique um tempo a querer) o que você tem em vez de desperdiçar tempo esperando pela próxima coisa que não quer. Se você não pode ser feliz agora, no lugar em que desejava estar, *quando* você será?

Veja só, a felicidade não é um destino; é uma disciplina. Felicidade é escolher o que está à sua frente e envolver-se na alegria disponível para você a qualquer momento. É fazer uma pausa para apreciar onde você está e o que tem. Não confunda isso com positividade tóxica. Não estou dizendo que se você estiver no meio de uma crise, deva apenas pensar positivo e tudo ficará melhor. No entanto, quando você mostra, em regra, profunda gratidão pelo seu eu e pela sua vida atual, as mensagens culturais que recebemos sobre a felicidade estar esperando na próxima esquina se tornam menos atraentes. Onde você está neste momento costumava ser um sonho. Viva-o.

Vivendo a vida dos seus sonhos

Pense no que já realizou da sua lista: "Do que eu preciso para ser feliz". Você já está feliz? De várias maneiras, você está vivendo a vida dos seus sonhos. Houve um tempo em que você achava que finalmente terminar a escola e ter mais liberdade seria a solução para os seus problemas. Você pensou que ganhar mais seria o seu bilhete premiado para a felicidade. Você havia determinado que encontrar o seu par perfeito traria uma vida de alegria e felicidade. Você acreditava que começar uma família com certeza saciaria o seu desejo mais profundo. Ou receber aquela promoção. Ou ver seus filhos independentes. Ou ficar em forma. Ou tirar aquelas férias dos sonhos. Ou reformar a cozinha. Ou ter menos afazeres na sua lista de tarefas. Ou, ou, ou, ou, ou...

Eu me lembro de quando era uma menina de catorze anos angustiada e ansiosa por minha independência, que sonhava todo dia com o aniversário de dezesseis anos. Eu poderia finalmente tirar a carteira de motorista e levar seus amigos para tomar raspadinhas quando quiséssemos. Fazer dezesseis era a solução para todos os meus problemas. Isso ia me preparar para o sonho da minha vida, de cruzar o bairro com minha turma ouvindo Lauryn Hill, tomando nossas raspadinhas enquanto cantávamos "Killing Me Softly" a plenos pulmões. Quando eu penso nisso, tecnicamente tenho vivido a vida dos meus sonhos há mais de vinte anos. Por que eu tenho que reclamar?

Exercício: querer o que você já tem

Hora de fazer outra lista. Nesta, anote vinte coisas que você realmente queria em algum momento de sua vida e agora tem. Se tiver mais de vinte, maravilha! Isso deve ajudá-lo a se conectar profundamente com o modo como o presente é o que você sempre quis e dar uma folga ao seu cérebro quanto à espera pelo futuro. Vamos lá, o que você tem que já foi um sonho distante?

Estar presente

Mesmo que boa parte de sua realidade atual seja a concretização de muitas coisas que você esperava, é normal esquecer de prestar atenção a isso. Quando o cérebro humano não está procurando maneiras de justificar o viés negativo, ele tem dificuldade em permanecer no presente devido ao foco no que vem em seguida. É preciso prática contínua para aprendermos a estar mais presentes no aqui e agora e encontrarmos alegria. Se você é o tipo de pessoa que coloca a mão na massa, não se preocupe, apreciar o presente não é o mesmo que desligar-se da vida enquanto maratona alguma série da Netflix e come uma pizza (embora esse possa ser um ótimo programa para uma tarde chuvosa de sábado).

Nós, seres humanos, estamos preparados para o crescimento, lembra-se? Somos bons em aprender, crescer, criar, expandir, experimentar e vivenciar (com momentos de descanso e rejuvenescimento intercalados). Mas quando estamos focados apenas em um resultado futuro, sem nunca aproveitar o presente, não é nada bom. Seu impulso de aprender, crescer, expandir, avançar, alcançar e realizar é valioso. Mas não há necessidade de trabalhar com a ilusão de que chegar a certo nível de vida fará com que seus problemas desapareçam em um passe de mágica. Esse ponto de chegada não existe (acredite em mim, eu procurei muito por ele). Como qualquer outro sentimento, a felicidade é criada pelos seus pensamentos. Você pode escolhê-los, ou pode optar por permanecer nos seus desejos — então escolha bem.

Conclusões

- Não desperdice seu tempo esperando ser feliz e bem-sucedido no futuro. Decida permitir-se ser feliz e conectar-se com a alegria da sua vida exatamente como ela é hoje;
- Procure identificar que sonhos você teve já se realizaram na sua vida. Contemple seus pontos fortes, suas competências, suas habilidades e suas liberdades;
- Grande parte de sua felicidade virá de aprender, crescer, experimentar e expandir, mas isso não significa que você não deva estar presente em sua iteração atual de sucesso e felicidade.

Sugestão para o diário: o que me afasta de estar presente, com os pés no chão e de apreciar onde estou em minha vida? O que me permite estar mais presente, com os pés no chão e apreciar onde estou na minha vida?

parte quatro

ASSUMA O CONTROLE
DOS SEUS PRÓPRIOS COMPORTAMENTOS

Se você sempre faz o que sempre fez, sempre obterá o que sempre obteve, e se você sempre obtiver o que obteve, não haverá mudança alguma.

— Henry Ford

Talvez você já tenha ouvido essa citação antes. Ela sempre me faz pensar na definição coloquial de *insanidade*: repetir a mesma coisa várias vezes e esperar um resultado diferente. Não é engraçado como todos fazemos isso com tanta frequência e ficamos genuinamente surpresos quando nossos resultados continuam sendo os mesmos?

Obviamente não estou insinuando que você seja louco (pelo menos espero que não). Na verdade, há uma boa razão pela qual você está tendo dificuldade em mudar seus comportamentos. Algum palpite? É porque você não mudou seus pensamentos. Volte ao modelo FICRE da parte 1. Seus pensamentos criam seus sentimentos, seus sentimentos impulsionam seus comportamentos e seus comportamentos afetam seus resultados. Se o seu plano é mudar um comportamento sem trabalhar o pensamento nas duas camadas anteriores, ele cria o que nós, nerds da psicologia, chamamos de *dissonância cognitiva.* A dissonância cognitiva acontece quando suas ações não são compatíveis com seus pensamentos, o que leva a uma discrepância que pode criar uma tensão desconfortável no cérebro. Essa tensão geralmente só é quebrada quando você reverte sua ação de forma a fazê-la combinar com o pensamento original.

Por exemplo, vamos dizer que você queira começar a praticar exercícios físicos. Você diz a si mesmo que vai se exercitar três vezes por semana, durante 45 minutos. No início, você está animado para ficar mais forte e aumentar sua energia. Está ansioso para se sentir saudável e correr com seus filhos sem perder o fôlego. Duas semanas depois do seu novo plano de mudança de vida, a fantasia de como a vida será ótima quando você estiver em forma começa a se desgastar. Nesse momento, você reduz seu exercício a zero e cancela sua inscrição na academia (ou continua pagando, com a promessa de que voltará muito em breve). Não é assim?

Caso seja, é provável que em algum lugar do seu cérebro exista uma crença de você que não combina com a nova pessoa que corre na esteira. Talvez essa crença se manifeste como uma desculpa do tipo: *Não consigo continuar, vai ser muito difícil,* ou *Não tenho tempo para isso, vou começar meu regime quando terminar este projeto.* Se você cavar um pouco mais fundo, poderá encontrar uma crença mais forte, em que você não é uma pessoa que tem o que é preciso para levar um estilo de vida saudável e ativo. Ou talvez, mais fundo ainda, você não acredite que mereça se sentir bem em primeiro lugar.

Lembra-se de que nosso cérebro não gosta de mudanças? Essa é a razão (natural) pela qual alterar seu padrão de pensamento vai dar trabalho. Nosso cérebro fica mais confortável com pensamentos preexistentes do que aceitando novos como: *Vou à academia hoje.* Então, a menos que você faça alguma escavação intencional e trabalhe para mudar seus pensamentos mais profundos, seu cérebro está fadado ao padrão.

Talvez você queira ser mais produtivo, mais aberto com os outros, parar de agradar às pessoas ou ter limites mais claros. Se a parte do seu cérebro que não quer essas mudanças — a parte que pensa: *vai ser muito difícil, provavelmente vou fracassar, as pessoas podem me rejeitar, eu posso parecer egoísta* — pensar mais alto do que a que está motivada a crescer, você não conseguirá começar, muito menos continuar. Em longo prazo, vale a pena cavar um pouco mais fundo para você finalmente conseguir o que quer da vida. Mudar é difícil, mas acredito que você consegue fazer isso. Você também vai acreditar?

Seja aquele você

Quando eu tiver mais motivação, vou fazer caminhada todos os dias.

Quando eu for promovido, vou diminuir o ritmo e ficar mais com minha família.

Quando eu me sentir mais confiante, vou ficar mais confortável em estabelecer limites e dizer "não".

É assim que muitas pessoas pensam que funciona. Quando você tiver isso, então fará aquilo, o que o levará a se tornar alguma versão de si mesmo. E então você espera. Espera e continua esperando. Algum dia, muito em breve, você terá a motivação, o equilíbrio, a confiança. Como se esperar muito ou por tempo suficiente fosse o que causasse a mudança. Infelizmente, para a maioria de nós, a esperança não é uma boa estratégia. A esperança é um desejo de que as coisas sejam diferentes, mas ela não fará necessariamente as coisas acontecerem.

Está pronto para saber o que você deve fazer em vez de ter esperança ou, pelo menos, ao mesmo tempo? Ser a pessoa que já tem tudo. Acorde as partes de você que estiveram adormecidas por muito tempo. Você tem tudo do que precisa dentro de si neste momento. Você já tem tudo do que precisa para levar a vida da maneira que quiser, só precisa tirar tudo do porta-malas. Você precisa ser.

Isso não significa fingir que você é. Fingir é o mesmo que mudar seu comportamento sem lidar com os pensamentos subjacentes. *Ser* a sua versão que age e obtém resultados está nos seus pensamentos. Pense assim: que pensamentos a pessoa que sai de casa todos os dias e se exercita tem sobre si mesma? E se cavarmos ainda mais fundo, qual é a identidade dela? É bem provável que ela se veja como uma pessoa que cuida do corpo e acredita que merece se sentir saudável e cheia de energia. Ela adora a adrenalina da endorfina e a redução do estresse que resulta do exercício, e ela se vê como alguém que valoriza o aumento da frequência cardíaca em vez de atividades mais letárgicas.

Ela é alguém que se exercita com base nas fortes crenças que tem a respeito de si mesma. Devido ao seu monólogo interior, ativar o modo atleta e sair para se movimentar é um comportamento natural de alguém com essa crença. Ela nem precisa pensar sobre isso porque ela *é* assim.

Vejamos outro exemplo. Trabalhei neste livro praticamente todas as noites, durante vários meses seguidos, depois de colocar meus filhos na cama. E preciso confessar: houve algumas noites em que meu cérebro *não queria* sentar e escrever. De jeito nenhum. Ele queria se jogar no sofá com uma cerveja e assistir passivamente a programas de TV. Algumas noites, era quase impossível resistir à tentação de ficar largada. Mas eu me comprometi a escrever todos os dias e tinha um plano para mudar essa tentação. Eu me desafiava mentalmente. *Quem é a Julia que escreveu um livro que está por aí, mundo afora, ajudando as pessoas a mudar sua vida e assumir o controle da sua mente e das suas emoções? Quem ela seria agora?* E, sem que eu pudesse evitar, a resposta vinha: *A autora Julia é a mulher que se senta e começa a trabalhar porque quer ajudar a mudar o mundo, e isso exige trabalhar nos seus objetivos todos os dias.* Assim que eu me conectava com essas partes de mim, a rainha do drama que inventava desculpas no meu cérebro se acalmava e eu não tinha problemas para começar a trabalhar. Se você quer muito um resultado, tem que estar à altura dele. Se você quer muito um resultado, as partes de você que obterão resultados saltarão direto para o controle da sua vida.

Nesta parte, examinaremos mais de perto de que maneiras você já é quem deseja ser e como fazer essas características brilharem.

capítulo dezoito

ESTABELEÇA LIMITES SAUDÁVEIS

Você tem problemas com limites? A maioria das pessoas responderá que não, de jeito nenhum. Na verdade, elas dirão: "Eu tenho um problema com meu chefe muito detalhista, um problema com minha sogra autoritária, um problema com excesso de compromissos ou um problema com estresse enlouquecedor. Mas com limites? Não muito". Bem, aqui estou eu para acabar com sua ilusão mais uma vez. Tudo isso é causado por um problema de estabelecimento de limites. Embora você possa não estar ciente disso, os limites (ou a falta deles) estão na raiz das dificuldades de muita gente. Vamos ver como são os seus e descobrir como melhorá-los um pouco?

Exercício: vinte sinais de limites pouco saudáveis

Se não tiver certeza de que tem dificuldades para estabelecer limites, a lista abaixo o ajudará a descobrir. Marque todas as afirmações que se aplicam a você.

1. Trabalhar demais até o ponto de *burnout*;
2. Fazer algo que não quer para não aborrecer alguém;

3. Ir contra seus valores pessoais ou sua ética para agradar aos outros;

4. Ficar irritado com os outros por se meterem na sua vida;

5. Ficar frustrado com pessoas que não lhe dão espaço;

6. Sentir que tem a obrigação de fazer alguma coisa só porque alguém pediu;

7. Assumir mais compromissos do que você pode dar conta;

8. Ressentir-se dos outros por não gostarem de você;

9. Permitir que as pessoas consigam o que quiserem de você;

10. Deixar que outras pessoas tomem decisões por você (ou pedir para elas decidirem);

11. Definir-se com base no que os outros dizem ou fazem;

12. Sentir-se desconfortável com a ideia de dizer "não";

13. Sentir-se culpado quando diz "não";

14. Dizer "sim" quando quer dizer "não";

15. Sentir raiva dos outros quando pedem coisas a você;

16. Assumir algum compromisso porque quer que as pessoas pensem que você é uma pessoa "boa";

17. Concordar em fazer as coisas apenas para que as pessoas não o rejeitem;

18. Não ser valorizado pelas pessoas a menos que você atenda aos desejos delas;

19. Ficar com raiva porque você nunca tem uma folga;

20. Julgar outras pessoas quando elas têm limites.

Como foi? Se você marcou algumas afirmações, temos um pequeno trabalho a fazer. Se você marcou a maioria ou todas, temos mais do que um pequeno trabalho pela frente.

> Tenha certeza de que se marcou todas, isso não significa que você seja ruim. A maioria das pessoas não é ensinada a ter limites saudáveis. Se nunca lhe ensinaram, como você poderia tê-los agora?

O que é limite?

Limite tornou-se uma palavra da moda nos últimos anos, e por boas razões. Eu, por exemplo, só fui aprender o que era limite há pouco mais de dez anos (o que não é muito tempo para alguém que lutou com eles a vida inteira). E eu logo passei a acreditar neles. Estabelecer limites saudáveis mudou muito minha vida e agora não vou me calar a respeito deles. Suas propriedades modificam a vida e são justamente o motivo pelo qual se tornaram um tema tão importante nos círculos socioemocionais, e espero que continuem assim.

Se você tem problemas com limites — não vou mentir, você provavelmente tem —, não é apenas porque não lhe ensinaram a ter limites saudáveis, mas também porque a maioria de nós não entende o que "ter limites" significa. Se você começou a tentar estabelecer limites mais claros, mas achou isso mais frustrante do que eficaz, tenho algumas novidades para você. Primeiro, você definitivamente não está sozinho. E segundo, você está prestes a aprender alguns ajustes que o ajudarão muito.

Para começar, o mais importante sobre limites também é a maior barreira para ter limites claros: os limites não são feitos para mudar ninguém. É isso. Vou repetir: *limites eficazes exigem pouco ou nada de ninguém, além de você mesmo.* É o seguinte: seus limites têm pouco a ver com os outros porque eles são os *seus* limites. Assim, mesmo que sejam limites com os outros, é você quem decide o que está e o que não está bom para si mesmo, como eles se manifestam nos seus relacionamentos e nos seus planos se eles forem violados.

Por exemplo, se estivéssemos falando sobre o seu jardim, você teria regras para ele — limites em torno do que é aceitável nesse espaço e do que não é. Talvez você queira que as pessoas fiquem fora do jardim ou talvez espere que elas entrem por um portão, não passem por cima da cerca cuidadosamente construída. Bem, se as pessoas quisessem brincar no seu jardim, você esperaria que elas seguissem as regras, certo? E se elas optassem por não seguir as regras — principalmente mais de uma vez — seria justo dizer que elas não seriam mais bem-vindas no seu jardim, e você as avisaria disso. Qualquer pessoa pode pensar que jardins são feitos para serem pisoteados e, para dizer a verdade, ela pode fazer isso no próprio jardim dela, se quiser; mas simplesmente não está autorizada a fazer isso no seu. Imagine, como seria se você mantivesse em vigor regras semelhantes para sua vida?

Em essência, os limites referem-se ao que você fará ou não fará, e o que vai ou não tolerar. Um limite é uma afirmação da minha escolha com base na sua escolha. Você escolhe gritar comigo? Vou optar por interromper a conversa até que você possa falar comigo em um tom moderado. Você escolhe fazer comentários passivo--agressivos quando estamos juntos? Vou optar por passar menos tempo com você até que você esteja disposto a ter uma conversa honesta sobre aquilo que o está incomodando. Você escolhe voltar para casa bêbado? Vou optar por levar as crianças para a casa dos meus pais e ficar lá. Você escolhe chegar atrasado para o nosso encontro no café? Optarei por ir embora na hora em que planejei para fazer minha aula de ioga. Você escolhe não se comprometer com os planos do fim de semana? Eu opto por fazer planos com outra pessoa.

Se você não está acostumado com limites, isso pode soar como uma lista de ultimatos. Mas não é. Nós dois estamos fazendo escolhas. E às vezes minha escolha é afetada pela sua, dependendo do que é melhor e mais saudável para mim.

Você pode solicitar qualquer mudança que quiser em um relacionamento, e a(s) pessoa(s) afetada(s) decide(m) se concordará(ão). É a beleza do livre-arbítrio em ação. Se ela(s) optar(em) por não aceitar o limite que você definiu, é sua escolha respeitar seu limite ou não.

(Dica: a continuidade pode ser a parte mais importante, apesar de ser a mais difícil.)

Na maioria dos casos, os limites não exigem que os outros sejam de uma determinada maneira para que você possa se sentir bem. Não, nós estamos bem, não importa o que aconteça, porque sabemos o que esperar dos outros e de nós mesmos. Lembre-se, quando você baseia sua felicidade e seu bem-estar em como outra pessoa se comporta, ela se torna responsável por como você se sente, em vez de você, o que não é a situação ideal. Mas quando cada pessoa funciona com base em seu próprio modelo FICRE — comportando-se de acordo com seus sentimentos, que são movidos por seus pensamentos — a vida se torna muito mais fácil.

Quando nossas ações dizem respeito a nós mesmos e a mais ninguém, também podemos começar a internalizar que as ações de outras pessoas não se referem a nós. Não estou dizendo que respeitar nossos limites é fácil. Pode ser difícil, principalmente se você, assim como eu, nem sabia que existiam limites até ficar adulto (ou talvez até agora). No entanto, vale o empenho, eu garanto.

Que tal um exemplo? Quando comecei a trabalhar como terapeuta há alguns anos, meu primeiro emprego fixo — que eu batalhei para conseguir, a propósito — foi como conselheira de saúde mental e dependência química no centro de Vancouver, no Canadá. Quando consegui o emprego, liguei para meus pais para dar a boa notícia, mas, em vez de aplausos e parabéns, meu pai manifestou ansiedade. O escritório ficava em um bairro de nível socioeconômico baixo e ele estava preocupado comigo. Eu sabia que aquela reação era porque ele se importava comigo, mas naquele momento eu não queria aquela reação de medo. Esperava uma comemoração. Garanti a ele que estaria segura, mas ele continuou me enchendo de perguntas sobre meus possíveis clientes, meus colegas, os protocolos de segurança em vigor e assim por diante. Não estava interessada em responder a essas perguntas; eu tinha ligado para ganhar um tapinha nas costas.

Naquele momento, resolvi fazer um pedido: "Pai, entendo que você esteja preocupado, mas estou contente com esse trabalho e não vejo problemas de segurança em trabalhar lá. Vamos falar sobre como vai ser bom, em vez de ficar repetindo todos os *possíveis* pontos negativos!".

Quando ele ficava perguntando sobre detalhes que eu não queria discutir, estabeleci um limite: "Pai, eu já disse que não quero falar mais sobre isso. Podemos falar sobre outra coisa ou podemos conversar outra hora". Isso foi um limite. *Se é isso que* você *precisa fazer, é isso que* eu *preciso fazer.*

Os limites referem-se a aprender a aceitar que as pessoas farão o que decidirem fazer e dar-se o direito de fazer o mesmo. Tentar forçar alguém a mudar não vai funcionar; você não tem controle sobre ninguém além de si mesmo. Você pode pedir para alguém mudar. Em muitos relacionamentos, as pessoas estão dispostas a respeitar pelo menos alguns pedidos e limites. No entanto, quando não estão, você tem apenas duas opções. Primeira opção: você pode reconsiderar seu limite devido à incapacidade de o outro mudar. Segunda opção: você pode fazer o que for preciso para cuidar de você.

Por exemplo, se um parente seu fizer comentários críticos sobre você toda vez que estiverem juntos em uma reunião de família, mesmo depois de você ter pedido que ele parasse, é provável que ele continue a fazê-los. Se você não gostar, pode aceitar que esses comentários continuem e optar por não se envolver no assunto ou pode sair completamente da conversa. Limites.

Entendeu? Acredite em mim, é preciso prática. No entanto, se você estiver pronto para levar os limites até o próximo nível, também poderá trabalhar no gerenciamento da sua mente. Digamos, por exemplo, que sua sogra faça um comentário sobre seu peso. Você pode ficar com o problema e decidir o que esse comentário significa para você. Talvez ela seja horrível, rude e má. Ou você pode processá-lo por meio de uma tabela FICRE e fazê-lo significar o que quiser. Ela pode ter comentado sobre o seu peso porque está ansiosa com o dela, ou pode ter internalizado a fobia de gordura, ou talvez ela sempre tenha sido criticada por causa do peso dela e esteja transmitindo uma tradição familiar. Ela pode pensar o que quiser, e você também.

Quem dita as regras?

Estabelecer limites também não significa forçar os outros a seguir suas regras. Eles definem as suas próprias regras e como segui-las. Estabelecer limites é dizer ao mundo: "Estas são as minhas regras, e se você quiser jogar junto comigo, ótimo. Se não quiser jogar de acordo com minhas regras, tudo bem. Apenas me reservo o direito de decidir se eu vou ou não continuar jogando".

E por falar sobre o que os limites *não* são — eles também não são manipulação. Quando você era criança, pode ter dito: "Se você não vai jogar do meu jeito, então eu não vou brincar mais com você". Isso não vai lhe levar muito longe. Estabelecer limites soa mais como: "Você pode fazer o que quiser. Se eu não gostar e pedir para você parar, e você não parar, não vou mais jogar". Todos têm o direito de determinar quem são e o que fazem. Se você definir limites para controlar ou manipular, isso não vai acabar bem, porque, de novo, seus limites não dizem respeito aos outros, mas a você.

Vamos voltar ao mantra básico de limites saudáveis: *Se é isso que você precisa fazer, é isso que eu preciso fazer.* Quando minha filha mais velha era bebê, meus pais vinham em casa para tomar conta dela toda sexta-feira enquanto eu trabalhava. Era muito grata pela ajuda deles. A única desvantagem era que muitas vezes eles chegavam muitos minutos atrasados. Infelizmente, isso fazia eu me atrasar para o trabalho, e eu estava começando a ficar muito estressada com isso.

Pedi a eles que tentassem chegar na hora e, embora eu acredite que tenham feito um esforço, eles nem sempre conseguiam. Naquele momento, eu tinha escolha. Como eu não podia mudá-los e já tinha feito meu pedido, eu poderia ter dito: "Muito obrigada por tudo, mas não está dando certo. Vamos marcar de vocês a visitarem nos fins de semana". Embora isso fosse gerar uma decepção, era uma opção.

Entretanto, pensei em outra opção que não acabaria com a coisa toda. Eu disse a eles que precisava sair para o trabalho às dez em ponto, então, se eles não estivessem na minha casa até aquele horário, eu iria caminhando para o escritório com a bebê no carrinho.

Dessa forma, eles poderiam me encontrar no caminho, e faríamos uma transferência da bebê no trajeto.

Sim, arrumar um bebê exigia tempo e esforço extras nas manhãs já ocupadas. E, sim, ter que alterar um pouco a rota deles para nos encontrar exigia mais deles. Mas, no final das contas, esse acordo aliviou a pressão de todos. E não foi uma tentativa de manipulação. Foi a escolha que fiz com base na escolha deles. Eles escolheram chegar atrasados e eu escolhi sair na hora com a bebê. Em longo prazo, quando eles perceberam como o horário era importante para mim, eles começaram a chegar na hora com mais frequência. No entanto, meu subterfúgio funcionou bem quando eles não conseguiam fazer isso acontecer.

É só dizer "não"?

Uma boa parte de estabelecer limites saudáveis é aprender a dizer "não". Tenho a sensação de que você poderia fazer uma longa lista de coisas na sua vida para as quais disse "sim" e que gostaria de não ter feito. Há as óbvias, como dizer "sim" ao favor "rápido" que seu chefe pediu no fim do expediente pela terceira vez na semana. Ou ligar para sua mãe porque você sabe que ela quer que você ligue, e não conseguir desligar o telefone por horas, mesmo que você precise fazer outras coisas. Ou concordar em participar de várias reuniões no primeiro fim de semana de tempo bom em um mês, quando tudo o que você queria era um pouco de silêncio.

Muitas vezes há as menos óbvias, como o drinque depois do trabalho com um amigo que você sabe que terminará em uma longa noite quando você precisa preparar sua apresentação para o dia seguinte. Ou um voluntariado quando você já está sobrecarregado com o que já tem. Ou concordar em fazer o jantar para você e todos os seus colegas de quarto porque eles estão cansados... mesmo que você também esteja.

Dizer "não" pode ser difícil. Entendo. Mas você está assumindo tarefas demais para evitá-lo. Você já se perguntou por que é tão difícil dizer "não"? Por que você se sente mal com isso? Quais dos seus pensamentos estão impedindo que essa palavra de três letras escape dos seus lábios?

Pensamentos bloqueadores de limites

Antes de nos aprofundarmos nos limites, você precisa reconhecer algumas crenças subjacentes, talvez inconscientes, que você tem a respeito dos limites e que o impedem de estabelecê-los. Esse comportamento nunca acontece sem motivo, então você deve estar obtendo alguma coisa em troca de viver uma vida sem fixar limites. Você pode querer tê-los, mas agora vê que deve haver algo no seu caminho. É, você entendeu. Seus pensamentos estão mantendo-o longe deles.

Embora possa ser muitas coisas, quero apresentá-lo ao meu velho amigo, conhecido como *ganho secundário*. Esse conceito diz respeito a quando você conscientemente quer alguma coisa, mas o seu cérebro inconscientemente quer outra recompensa ainda melhor, então ele mantém o padrão para obter aquilo que trará a melhor recompensa para você.

Existem muitos pensamentos conflitantes em potencial que impedem você de ser capaz de estabelecer limites saudáveis. Quanto mais você praticar desafiar suas barreiras padronizadas, mais seu cérebro começará a gostar das alternativas.

A seguir estão relacionados onze "pensamentos bloqueadores de limite" comuns, combinados com os "contrapensamentos libertadores de limite":

- *Pensamento bloqueador de limite número 1*: os limites farão com que as pessoas pensem que sou egoísta;

  Contrapensamento libertador de limite: não é meu trabalho gerenciar os pensamentos dos outros; meu trabalho é ser responsável por mim;

- *Pensamento bloqueador de limite número 2*: os limites farão com que as pessoas pensem que sou uma pessoa difícil;

Contrapensamento libertador de limite: não é difícil respeitar meus próprios limites;

- *Pensamento bloqueador de limite número 3:* se eu estabelecer limites, vou magoar as pessoas que amo;

Contrapensamento libertador de limite: se eu não estabelecer um limite, a amargura e o ressentimento crescerão dentro de mim, tornando-me mais propenso a ser agressivo em algum momento. Apesar de no início alguém poder se magoar com meu limite, é muito melhor estabelecê-lo do que sofrer mais tarde;

- *Pensamento bloqueador de limite número 4:* se eu estabelecer um limite, significa que sou uma pessoa má;

Contrapensamento libertador de limite: se eu estabelecer um limite, significa que sou uma pessoa franca;

- *Pensamento bloqueador de limite número 5:* se eu estabelecer limites, sentirei muita culpa;

Contrapensamento libertador de limite: só sentirei culpa se me convencer de que o que quero, penso, preciso e sinto não tem importância;

- *Pensamento bloqueador de limite número 6:* se eu estabelecer um limite, deixarei alguém desconfortável;

Contrapensamento libertador de limite: é possível. Mas meu conforto também conta;

- *Pensamento bloqueador de limite número 7:* não posso dizer "não" quando alguém me pede alguma coisa;

Contrapensamento libertador de limite: tenho o direito de dizer "não" quando eu quiser ou precisar;

- *Pensamento bloqueador de limite número 8:* é meu dever manter o grupo/a família unido(a) e, portanto, não posso dizer "não" ou retroceder;

Contrapensamento libertador de limite: compete aos membros de qualquer comunidade contribuir para o bem-estar do grupo e para o seu próprio bem-estar;

- *Pensamento bloqueador de limite número 9:* se eu disser não, as pessoas não vão gostar de mim ou me valorizar. Ficarei só;

Contrapensamento libertador de limite: algumas pessoas não vão gostar de me ouvir dizer "não"; outras vão me respeitar mais por isso. Sou mais do que aquilo que posso fazer pelos outros;

- *Pensamento bloqueador de limite número 10:* não importa como as pessoas me tratam. Se eu ficar quieto, todos ficarão felizes; *Contrapensamento libertador de limite:* o conflito não é proibido. Todos, inclusive eu, têm o direito de ser vistos, ouvidos e levados em consideração;

- *Pensamento bloqueador de limite número 11:* se eu fizer tudo para todos, ninguém poderá me criticar, e ficarei em segurança; *Contrapensamento libertador de limite:* está me custando muito fazer tudo isso; honestidade com compaixão é melhor do que ressentimento.

Seja claro, conciso e gentil: como dizer "não"

A esta altura, você está começando a diminuir sua própria resistência ao estabelecimento de limite. Assumir a mentalidade certa e dar-se a liberdade de dizer "não" sem temer o exílio indefinido é fundamental. Quando você é iniciante na definição de limites, pode ser difícil entender como se faz para definir um limite e dizer "não" com respeito. A última coisa eu que quero é que o estabelecimento de limites seja uma experiência alienante.

Quando você está estabelecendo um limite, é importante ser claro, sem titubear ou hesitar. Não diga "talvez" ou "não tenho certeza" quando o que você quer de verdade é dizer "não". Ser claro permite que ambas as partes sigam em frente sem tentar encontrar uma boa desculpa para desistir (você) ou ficar esperando e esperando (as outras pessoas). E, embora possa parecer estranho no início, a clareza é um sinal de respeito. Você não está deixando ninguém na mão e está honrando sua vontade de negar.

Além disso, seja conciso. As pessoas têm a tendência de explicar demais e apresentar motivos para dizer "não". Não é necessário fazer um discurso de dez minutos sobre como seus filhos, seu cachorro e seu parceiro se uniram para impedir que você assumisse o compromisso. A maioria das pessoas só quer uma resposta. Não há problema em dar uma razão se você quiser, mas não há necessidade de justificar ou pedir desculpas demais. "Eu tenho outro compromisso" é uma explicação perfeitamente razoável, mesmo que seu outro compromisso seja uma noite só sua assistindo a reprises de *Friends*. Se o que você precisa é de um pouco de Ross e Rachel em sua vida, então é disso que você precisa. Não é necessário nenhum monólogo de desculpas.

Por fim, seja gentil. É uma atitude importante. As pessoas geralmente aceitam um "não" se você for gentil. Comece com alguma versão de "obrigado", se for o caso. *Obrigado por pensar em mim*; *Obrigado por me oferecer essa oportunidade*; *Foi bacana da sua parte me considerar*. E então vá para a parte clara e concisa. Você ficará surpreso com a facilidade com que as pessoas aceitam um "não" quando você é gentil.

Exercício: 25 maneiras de dizer "não"

Encontrar as palavras certas para dizer "não" pode ser complicado, principalmente se você não está acostumado a isso, ou se sente ansioso e desconfortável. Eu relacionei 25 maneiras de dizer "não" que são claras, concisas e gentis. Libere espaço para o que deseja praticando o "não" eficiente:

1. Agradeço por perguntar, mas infelizmente minha agenda está lotada;

2. Agradeço a oferta, mas tenho outro compromisso nesse horário;

3. Agradeço o convite, mas minha agenda está lotada! Por favor, lembre-se de me chamar para outra oportunidade no futuro; (Só diga isso se você quiser.)

4. Eu adoraria dizer "sim", mas infelizmente preciso dizer "não";

5. Não, mas agradeço por entrar em contato;

6. Infelizmente, não consigo ajudá-lo com isso. Tudo de bom;

7. Agradeço por pensar em mim, mas no momento não posso;

8. Não estou interessado nisso, mas obrigado mesmo assim;

9. Agradeço por perguntar, mas infelizmente terei que recusar;

10. Infelizmente, não é uma boa hora para mim;

11. Agradeço a oferta, mas estou com dificuldades para cumprir os compromissos que já assumi e por isso tenho que recusar;

12. Desculpe, não posso fazer isso;

13. Estou totalmente comprometido neste momento, mas obrigado por pensar em mim;

14. Eu gostaria de poder dizer "sim", mas preciso dizer "não";

15. Não, isso não funciona para mim, infelizmente;

16. Desculpe, não posso;

17. Minha agenda está lotada, mas obrigado mesmo assim;

18. Acho que não sou o mais adequado para isso. Agradeço por pensar em mim;

19. Sinto muito, mas não posso fazer isso agora;

20. Já estabeleci minhas prioridades para este mês e não posso me comprometer com mais nada;

21. Desculpe, não posso aceitar;

22. Não posso ajudar no momento. Tudo de bom na sua busca;

23. Eu adoraria, mas tenho outro compromisso;

24. Já assumi muitos compromissos, obrigado pela oferta;

25. Não, obrigado. (Atemporal, não é?)

Eu costumava me sentir obrigada a dizer "sim" a tudo e a todos que passavam pelo meu caminho. Eu não queria parecer ingrata ou rude. O problema era que eu estava dizendo muitos falsos sins, depois dos quais eu entrava em pânico. Eu não sabia como faria tudo com que tinha me comprometido em um determinado dia. Além disso, eu era uma pessoa amarga e ficava ressentida com as pessoas que ficavam me pedindo favores. Mas por que elas parariam se eu continuasse a dizer "sim"?

Então, em vez de continuar com esse ciclo, decidi adicionar a palavra *não* ao meu vocabulário. Sabe o que aconteceu? Nada de mais. Algumas pessoas ficaram um pouco confusas com a minha descoberta repentina dessa palavrinha de três letras, mas o mundo não acabou. Não perdi negócios, amigos, nem família. Meu casamento estava bem. Ninguém me abandonou. Espere, isso não é totalmente verdade. Alguma coisa aconteceu. Eu me senti mais feliz, mais leve e mais livre.

Os limites vão libertá-lo

Pode parecer contraintuitivo, mas limites saudáveis vão libertá-lo. Quando começar a assumir o controle da sua vida e das suas escolhas, você terá liberdade de viver como quiser. Estar no comando de sua própria vida também significa que você não parou tudo para esperar que os outros mudem. Nós já mencionamos isso, quando falamos sobre fundir nosso estado emocional com o de outra pessoa. Essa fusão é chamada de codependência e é exatamente o que parece: nosso estado mental e emocional passa a depender de outra pessoa. Se você está vivendo uma situação de codependência, aprender a ter, estabelecer e manter limites saudáveis é a chave para desembaraçar esse emaranhado emocional.

É importante observar que ter limites não o esvaziará de empatia. Pessoas compassivas e empáticas podem estabelecer limites incríveis e ainda se importar com as experiências dos seus semelhantes. Quando você acredita plenamente que o que quer, pensa, precisa e sente é tão relevante quanto o que todo mundo faz, você também assume responsabilidade pelo seu estado mental e emocional. Você pode ter simpatia e empatia com os sentimentos dos outros sem assumir a responsabilidade por eles. E sendo honesta, a responsabilidade pelos pensamentos e sentimentos dos outros nunca foi sua em primeiro lugar.

Exercício: o Círculo da Responsabilidade

Você é responsável por si mesmo. Você não é responsável por nenhum outro adulto independente. Sabe por quê? Você não pode ser responsável por algo ou por alguém sobre o qual você não tem controle. Portanto, como você não tem controle sobre os pensamentos, os sentimentos, as crenças, as ideias, os ideais, as escolhas ou a vida de outra pessoa, você não pode ser responsável por ela. Você sabe por *quem* é responsável? Por você mesmo (e seus dependentes, se os tiver). O raciocínio é o mesmo. Você está no comando dos seus pensamentos, dos seus sentimentos, das suas escolhas e da sua vida. Portanto, você é responsável por eles e por si mesmo, e por mais ninguém.

Importante: isso não é uma permissão para ser um babaca com todo mundo porque "a Julia disse que eu não sou responsável *por* ninguém". Quando se trata de outros seres humanos, você tem, sim, responsabilidade. Você tem responsabilidade para com eles. Você tem a responsabilidade de ser gentil, respeitoso, atencioso e pelo menos um pouco decente. No entanto, você não é responsável *por* eles. O *por* só se aplica a você.

O Círculo da Responsabilidade apresenta exemplos daquilo pelo que você é e não é responsável no seu dia a dia. Nos próximos dois dias, anote as coisas pelas quais você habitualmente assume responsabilidade fora do seu círculo.

E quando examinar suas anotações, pergunte a si mesmo como você se sente quando tenta controlar o incontrolável e como seria se você parasse de fazer isso. Penso nessa imagem sempre que me vejo cruzando a linha da minha própria responsabilidade, e convido você a fazer o mesmo.

O Círculo da Responsabilidade

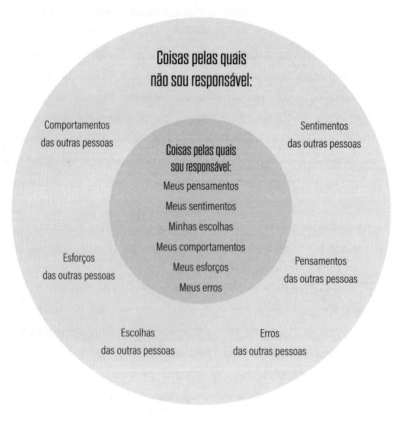

Conclusões

- Estabelecer limites não muda ninguém; fazer isso é apenas assumir a responsabilidade por si mesmo;

- Lutamos para estabelecer limites ou para dizer "não" porque temos pensamentos que nos impedem de fazê-lo;
- Ao estabelecer um limite, seja gentil, claro e conciso;
- Você tem responsabilidades para com os outros, mas só é responsável por você mesmo.

Sugestão para o diário: o que seria diferente na minha vida se eu me desse liberdade e permissão para estabelecer limites sempre que quisesse ou precisasse?

capítulo dezenove

PARE DE FICAR AGRADANDO ÀS PESSOAS

A ação de agradar às pessoas, assim como o perfeccionismo, muitas vezes é utilizada como uma medalha de honra. Na superfície, alegamos que se trata de um defeito, mas não soa tão ruim quando você diz isso em voz alta. Na verdade, soa quase... bem. "Ah, meu Deus, eu estou sempre querendo agradar a todo mundo", as pessoas dizem, com timidez, enquanto as entrelinhas dizem: "Eu sou uma pessoa tão bacana que faço tudo pelos outros, mesmo que seja em meu próprio detrimento". Pelo contrário, essas características sacrossantas não são tão maravilhosas e admiráveis como você pode estar tentado a pensar. Em essência, agradar às pessoas é enganá-las.

Quando você está sempre fazendo o que as outras pessoas querem e sendo quem os outros querem para conseguir a aprovação delas, você as está enganando em segredo a respeito de quem você realmente é. Ninguém gosta de agradar aos outros e deixar-se de lado 100% do tempo.

Ocultar o seu eu verdadeiro para que as pessoas o vejam de forma pouco autêntica é, na verdade, mentir. Você realmente quer fingir e representar um papel falso para todos pelo resto da sua vida? Credo! Espero que não.

Em defesa de todos os que vivem agradando a todo mundo por aí, inclusive de você, caso seja um deles, o desejo de agradar aos outros tem origem no desejo de construir relacionamentos e se sentir conectado com as pessoas. Mas a dura verdade é que, mesmo que você obtenha aprovação, não será tão maravilhoso quanto você pensava, porque essa aprovação e essa conexão não são baseadas na autenticidade.

Se as pessoas se sentem conectadas com você por causa dos agrados de sua parte, você criou uma conexão baseada em uma versão falsa de si mesmo, que não parecerá real. Se cavarmos mais fundo nas mentes de pessoas que querem agradar a todo mundo, boa parte desse comportamento está enraizada em um sentimento de indignidade. A crença subjacente de si mesmo muitas vezes soa como: "Se eu puder ser quem os outros querem que eu seja, eles vão gostar de mim, e se gostarem de mim e acharem que sou uma boa pessoa, então talvez eu também possa acreditar nisso".

Não me entenda mal, agradar às pessoas não é o mesmo que ser gentil, atencioso, generoso e compassivo. Eu sou a favor de cada um e de todos esses atributos. Eles são diferentes porque, no sentido mais verdadeiro, bondade, cuidado, generosidade e compaixão são expressões das partes mais bonitas de nós mesmos, não de personas criadas para obter aprovação.

Um deles tem intenções puras e faz você se sentir adorável, leve e acessível. O outro está cheio de ressentimento e estresse. Aposto que você sabe qual é qual.

Agradar às pessoas também não quer dizer nada

Por mais que a ação de agradar às pessoas se defina pelas coisas que fazemos e dizemos para controlar como os outros se sentem em relação a nós, ela pode igualmente ser definida pelas coisas que não fazemos ou não dizemos. Você já ficou calado porque não queria causar problemas ou perturbar a paz? Você perdeu oportunidades de apontar comentários racistas, sexistas ou inapropriados porque não queria deixar ninguém desconfortável? Esse tipo de silêncio também é agradar às pessoas.

Aqui está a parte complicada, amigo: para quebrar o ciclo de enganar as pessoas, você precisa dar um passo para trás e realmente se perguntar se está disposto a viver sendo menos admirado em troca de ser mais autêntico. Pergunte a si mesmo: *Estou disposto a ser honesto a respeito de quem sou, quanto estou disposto a fazer, do que gosto e do que não gosto, o que está certo e o que não está certo para mim, o que acredito ser certo e errado, sabendo que talvez as pessoas mudem de opinião a meu respeito e até se afastem de mim?*

Se decidir que está disposto a aceitar as consequências que podem resultar de falar, defender posições, estabelecer limites, fazer menos e ser honesto a respeito de quem realmente é, não quem quer que os outros pensem que você é, então vá em frente e faça isso! Você está completamente certo — o conforto e a felicidade de todos não precisam vir antes dos seus o tempo todo. Você também conta, lembra?

Acho que está na hora de fazermos as grandes perguntas. Por que você achou que não era importante? Por que acha que seus desejos, suas necessidades e seus sentimentos não importam? Estamos prestes a voltar aos seus anos de formação. Você cresceu em um lar onde o amor dependia de você ser exatamente quem seus pais achavam que você deveria ser? Você teve que encenar, aperfeiçoar-se, agradar, produzir ou apaziguar para ganhar amor e aprovação? Você aprendeu desde cedo que os desejos e as necessidades de outras pessoas importavam mais do que os seus?

Vamos pular para o presente. Você ainda acredita que sua capacidade de amar esteja relacionada a atender (ou prever) os desejos, as necessidades e as preferências das outras pessoas a fim de fazê-las felizes? Você acha que seus relacionamentos são igualitários, ou você fica lutando para provar seu valor? Talvez isso não seja totalmente consciente e você nem tenha percebido que age assim até este momento. Apesar disso, vale a pena dedicar alguns minutos a pensar. De onde veio essa necessidade agradar às pessoas?

Trata-se de um trabalho interno

Nós agradamos as pessoas para obter aprovação externa, porque se *elas* nos aprovarem, *nós* também poderemos fazer o mesmo. Se você quiser parar de terceirizar como se sente a respeito de si para os outros, é hora de fazer o trabalho interno e esclarecer como se sente a respeito de si mesmo. Na verdade, é muito difícil sentir-se bem com alguém que está constantemente negligenciando seus desejos, suas necessidades, seus limites e suas preferências. E se você está sendo essa pessoa para você — que é exatamente o que faz quando quer agradar aos outros —, como poderia se sentir bem consigo mesmo?

Você tem que ser bom para si mesmo primeiro. Quanto melhor você se tratar ouvindo e respeitando os seus sentimentos, reconhecendo seus pontos fortes e escolhendo ter pensamentos motivadores e compreensivos, melhor você irá conseguir se sentir. Se você não se deixar de lado, você não será compelido a agradar às pessoas para evitar que elas o abandonem. Você saberá como os relacionamentos devem ser.

Saiba as suas prioridades

Quando você se conhece e tem segurança do que é mais importante para você, a tentação de agradar às pessoas praticamente desaparece. É fácil permitir que um pedido de outra pessoa seja prioridade quando você negligencia o que é importante para si mesmo. Quanto mais você diz "sim" às prioridades de outra pessoa, menos você diz "sim" às suas. Não quero dizer que você nunca deva ajudar outra pessoa, mas aquilo que é mais importante para você merece tanto seu tempo, sua atenção e seu empenho quanto o que a outra pessoa está pedindo.

Um jeito fácil de se manter focado no que é importante para você é primeiro decidir quais são suas prioridades. Parece simples, certo? Mas é aqui que tropeçamos com frequência. Às vezes, na nossa tentativa de focar no que é importante para nós, ficamos superanimados e acabamos escolhendo prioridades demais. "Quero progredir na carreira, ensinar meu filho de dois anos a ler, aprender a fazer crochê, ler um livro por semana, ir à academia todos os dias, passar mais tempo com meus pais idosos, começar um negócio, meditar durante uma hora todas as manhãs, reformar o banheiro, fazer um trabalho voluntário e aprender a fazer massa folhada do zero". E isso, querido ser humano, é a receita para o *burnout*.

Em vez disso, esta é sua tarefa: escolha cinco coisas. Cinco. Identifique quais são suas cinco prioridades. É nelas que você vai gastar cerca de 90% do tempo da sua vida. Eu sei que pode ser difícil chegar a apenas cinco. Aqui estão algumas ideias: tempo com seus filhos (sobrinhas e sobrinhos contam também), tempo com seu parceiro, tempo com seus pais, tempo com seus amigos, montar seu negócio, conseguir uma promoção, malhar regularmente, aprender a cozinhar, passar tempo em atividades ligadas à religião ou à espiritualidade, escrever um livro, ler etc. Você entendeu. Antes de começar, observe como as suas cinco prioridades mudarão dependendo da fase em que estiver na sua vida.

Caso você esteja curioso, as minhas cincos prioridades são:

1. Passar tempo de qualidade com meus filhos;
2. Passar tempo de qualidade com meu marido;
3. Dedicar-me ao meu negócio;
4. Exercitar-me diariamente;
5. Estar com meus parentes (principalmente com meus pais, já que eles moram perto).

É isso. Assim é muito fácil para mim estabelecer minhas prioridades quando surge uma solicitação no meu caminho. Tudo o que tenho a fazer é me perguntar se ela se enquadra em uma das minhas cinco prioridades. Se não, é um "não" fácil. E se for um "sim", passo algum tempo considerando-a e esse será o ponto de partida.

Talvez você observe que "passar tempo com amigos" não está na minha lista. Aprendi do pior jeito que se eu tentar adicionar mais algum item à minha lista de prioridades, terei um *burnout*. Assim, invento pequenos truques para ver meus amigos de vez em quando, combinando isso com outra prioridade que esteja na minha lista. Por exemplo, ir ao parque com uma das minhas melhores amigas e nossos filhos: enquanto as crianças brincam, nós, mães, também nos distraímos. Outra maneira de conseguir tempo para meus amigos e meu marido é sair com todos ao mesmo tempo. Mas e se um amigo ligar e pedir para irmos tomar um café? Na maioria das vezes, minha resposta é "não", mas posso dizer para fazermos uma caminhada juntos. Não é o máximo?

Exercício: defina suas cinco prioridades

Você não vai ganhar uma medalha se ficar correndo de uma coisa para outra, sendo e fazendo tudo para todos, de manhã até a noite. O que você consegue com isso é uma grande dose de ansiedade e exaustão com um toque de ressentimento. Então, chegou a hora de sentar e decidir quais são as cinco prioridades da sua vida neste momento. Sua saúde? Sua família próxima? Seus parentes? Seus amigos? Seu emprego? Sua comunidade espiritual ou religiosa? Seu negócio? Seu trabalho acadêmico? Seu hobby favorito ou seu projeto dos sonhos? Reformar sua casa?

Pode ser difícil limitar suas prioridades no início, mas é ainda mais difícil manter mais de cinco, não é? Lembre-se, esses são os cinco itens aos quais você dedicará 90% do seu tempo na maioria dos dias. E qualquer coisa que não se enquadre em uma das prioridades receberá um sonoro "não" ou poderá ser combinada com uma delas (se você quiser).

Depois de ter feito a sua lista, use-a como um guia de planejamento da sua vida. Não se esqueça de que para tudo o que você diz "não", haverá um "sim" em troca. Quando prioriza com eficiência, você cria espaço para o que é mais importante para você.

Conclusões

- Agradar às pessoas é enganá-las. Isso impede que você se conecte honesta e autenticamente com elas;
- A chave para deixar de agradar às pessoas começa com fortalecer sua autoestima a partir de dentro;
- Use a priorização como um método para identificar o que é importante para você. Comece a descobrir quais solicitações dizem respeito às suas próprias necessidades e quais dizem respeito às dos outros.

Sugestão para o diário: quando e com quem começo a tentar agradar às pessoas? O que tenho medo que aconteça se eu parar?

capítulo vinte

BAGUNÇANDO O SISTEMA

Antes de falarmos sobre parar de tentar, começar a fazer, e, assim, assumir o controle de todos os seus comportamentos inúteis, precisamos tratar de um assunto. Estabelecer limites, deixar de reorganizar sua vida por causa dos outros e passar mais tempo com o que é importante para você — tudo isso é mudança. Essa parte da sua jornada é óbvia. O que pode não ser tão óbvio é que haverá pessoas na sua vida que não gostarão muito dessas mudanças. Nem todas vão protestar, é claro, mas algumas vão — e com muito gosto.

Nós, seres humanos e nosso cérebro, achamos difícil mudar, como você sabe. Observação: acho isso irônico, considerando que somos uma espécie incrivelmente adaptável. De qualquer forma, embora consideremos difícil fazer mudanças na nossa vida, achamos ainda mais difícil quando outras pessoas fazem mudanças que nos afetam.

Quando muda a forma como se apresenta nos seus relacionamentos ou quando renova suas prioridades, alterando assim o que oferece e a sua disponibilidade, você está mudando a vida de outras pessoas. Elas esperam certas coisas de você. Você tem se comportado de certa forma com elas, então elas imaginam que você continuará igual. E agora que mudou, algumas pessoas podem não gostar, principalmente aquelas que se beneficiaram com sua autonegligência. Não que elas sejam pessoas más. É provável que elas não tivessem a mínima ideia de que aquelas expectativas não eram totalmente razoáveis. E por que não teriam de ser se, até agora, você atendeu a cada uma delas?

O efeito das suas mudanças provavelmente será mais visível nos seus relacionamentos mais próximos e mais duradouros. Para muitos de nós, são nossos relacionamentos familiares. E também como muitos de nós, nosso relacionamento com a família é ao mesmo tempo funcional e disfuncional, na melhor das hipóteses. Costumo comparar a dinâmica familiar com uma velha fábrica com peças e engrenagens giratórias. As peças e engrenagens funcionam mais ou menos bem há muito tempo. Claro, elas despejam produtos que descem pela correia transportadora de forma um pouco errada há anos, mas o resultado é razoável e funcional o suficiente, e todos aceitam que é exatamente assim que a nossa fábrica funciona. Claro, os produtos são mais frágeis do que o pretendido e, sim, a cola não está fixando tão bem quanto você gostaria, mas, sabe como é, nada é perfeito!

Mas agora é você, uma peça da máquina disfuncional, que saiu do lugar, e toda a fábrica virou um desastre total. Então, o que a fábrica faz? Bem, ela quer que você reconsidere a mudança imediatamente, resolvendo assim o problema; ela dispara todos os tipos de alarmes tentando coagi-lo a ficar do jeito que estava. Sua família, seu parceiro ou até mesmo seus amigos próximos podem tentar convencê-lo, de todas as formas, de que a fábrica disfuncional estava funcionando bem e desmoronará se você mudar. Mas você não quer mais alimentar esse sistema, não é?

Eles podem acusá-lo, assim como aos seus novos limites, de ser egoísta. Eles podem usar a culpa contra você, deixar de falar com você ou fazer declarações manipuladoras como: "Eu nunca faria algo assim com você" e "O que você acha que está fazendo? Não é assim que fazemos as coisas nesta família", ou mesmo "Pensei que você me amava". Eles podem criticá-lo abertamente ou dizer que está sendo ridículo ou difícil. Eles podem fazer comentários passivo-agressivos como: "Bem, acho que a Julia está estabelecendo um limite novo mais uma vez!". (Estou falando por experiência própria.) Por trás desse comportamento, porém, provavelmente há confusão, mágoa e um pouco de medo, porque parece que você está se afastando. Eles podem até pensar que você não se importa mais com eles.

Nenhuma dessas reações significa que você deve parar. Assim como você, eles decidem como veem as coisas, pensam sobre elas e como se sentem a respeito delas. E da mesma forma que você, eles podem começar um novo caminho a qualquer momento.

Sua resposta

Depois desse drama todo, provavelmente você está se perguntando como incentivar as pessoas ao seu redor a concordarem com o seu eu mais autêntico. Como você poderá ajudá-las a o aceitarem como um indivíduo com seus próprios limites, suas medidas e um senso mais forte de quem você é? Primeiro, tenha paciência.

Segundo, tenha certeza de que elas saibam que suas mudanças não são *contra* elas. Você está mudando *por* você. Faz muita diferença. Você não está fazendo escolhas diferentes para puni-las; você está mudando suas escolhas para se preservar. Algumas entenderão e respeitarão isso rapidamente, enquanto outras precisarão de tempo para se ajustar. E, com certeza, algumas podem parar de retornar suas ligações porque talvez elas o valorizassem apenas pelo seu "sim", ou talvez elas não consigam lidar com a ansiedade que essa mudança na dinâmica do relacionamento causou nelas.

A resistência contra a sua jornada pessoal de mudança parecerá difícil e você ficará tentado a jogar a toalha, porque é mais fácil voltar ao modo como as coisas eram. Mas não era mais fácil, lembra-se? A autonegligência e a falta de limites eram os principais motivos pelos quais você começou a mudar. Quando enfrentar resistência, escolha pensamentos que o ajudem a manter o foco, seguir em frente e atender ao seu profundo desejo de sentir-se mais calmo, confiante e no comando da sua vida e das suas escolhas. Lembre-se de que você é um indivíduo com desejos, necessidades, preferências e limites próprios; e você tem a responsabilidade de respeitá-los e comunicá-los como um adulto maduro e emocionalmente estável.

Birra

Quando você está lidando com resistência, é útil comparar mentalmente as pessoas resistentes com crianças pequenas. Não estou dizendo que sejam bebês, mas os adultos costumam se opor à mudança de forma semelhante às crianças pequenas, em geral com menos birra, mas nem sempre. Nesse cenário, imagine quem está resistindo às suas mudanças pessoais como uma criança que você leva ao supermercado. Até agora, toda vez que vocês ficavam esperando na fila do caixa, você comprava um doce para ela. Um dia você percebe que ela espera ganhar um doce toda vez que vocês estão na fila. Como não quer que a criança se torne dependente de açúcar — isso não será bom em longo prazo —, você decide parar com o doce na fila do caixa.

Você sabe o que vai acontecer na primeira vez que disser "não" a ela, certo? A criança vai surtar. Ela vai gritar, espernear, chorar e até dizer que o odeia. E é provável que essa não seja a última vez que isso aconteça. Não, ela vai ter um ataque nas próximas vezes que vocês estiverem na fila se você continuar estabelecendo o limite e dizendo "não". Mas, por fim, ela vai entender que você não está brincando, então vai parar de pedir — ou pelo menos parar de perder a cabeça e fazer escândalo sempre que você recusar alguma coisa.

Seu trabalho é manter seu limite e não ceder. Você não cederia à birra de uma criança em resposta ao estabelecimento de um limite, então não se arrependa de ter pedido à sua sogra para ligar antes de ela "dar uma passadinha". Se você ceder, enviará a mensagem de que seus limites são negociáveis e você não se agarrou realmente a eles, de modo que não precisam ser levados a sério. Se quer que seus limites sejam respeitados, você também precisa respeitá-los.

Não vou prometer que todos aceitarão 100% sua decisão, mas a maioria das pessoas acaba aceitando as mudanças que os outros fazem na vida deles, mesmo quando não ficam muito empolgadas com elas no início. Embora o cérebro possa protestar, as pessoas são capazes de respeitar quem você é e o que pode oferecer, e acabarão ajustando as expectativas. A boa notícia é que, depois de enfrentar a tempestade da resistência, seus relacionamentos serão mais fortes e saudáveis, e você também.

Eu me lembro de quando comecei a estabelecer limites. Fui alvo de comentários dissimulados e alguns julgamentos não tão sutis. Fiquei sabendo que minha família falava a meu respeito e sobre meus "novos e extravagantes limites" pelas minhas costas. Mas não desisti. Eu sabia que precisava fazer isso por mim. E adivinha? Minha família finalmente caiu em si e suas expectativas em relação a mim mudaram porque eu era mais autêntica, clara e direta na minha comunicação.

E sabe qual foi a melhor parte? Muitos dos que resistiram no início começaram a perceber que essa história de estabelecer limites não era tão terrível quanto eles imaginavam e começaram, um por um, a estabelecer limites mais saudáveis para eles mesmos. É isso o que importa. Quando vê como as pessoas ficam mais felizes ao agirem assim, você não pode deixar de querer agir assim também. Limites saudáveis são contagiosos, e estou aqui para isso.

Exercício: pensamentos para não desistir

Meu amigo, nunca é demais enfatizar a importância de estabelecer limites saudáveis para si, mesmo que encontre resistência daqueles que ama. Para poder se preparar caso isso aconteça, reserve um momento e anote cinco pensamentos que pode ter que o lembrarão de não desistir.

Aqui estão alguns exemplos para você começar:

- Limites saudáveis me libertarão;
- Meus desejos, minhas necessidades e minhas preferências também contam, e é minha responsabilidade comunicá-los;
- Se posso respeitar os limites das outras pessoas, elas podem respeitar os meus;
- Estabelecer limites pode parecer difícil agora, mas quanto mais eu praticar, mais fácil ficará;
- Dizer "não" não é crime, mesmo se aborrecer alguém;
- O meu "sim" não é tão simples assim.

Continue traçando limites saudáveis. Eu acredito em você e você também deveria acreditar.

Os limites das outras pessoas

Se quer que os outros respeitem seus limites, você deve respeitar os limites deles. Você pode pensar que isso é óbvio e deduzir que, quando começar a se deleitar com uma definição de limites mais precisa, você automaticamente aceitará muito bem os limites dos outros. Mas posso dizer, por experiência própria, que nem sempre é assim.

Eu estava muito satisfeita comigo mesma por me ver livre de culpa e por conseguir estabelecer limites para a minha família. Mas, um dia, minha irmã mais velha estabeleceu os dela e eu saltei direto para o papel de resistente. Eu gostava da liberdade de estabelecer qualquer limite que eu quisesse, mas quando ela começou a dar-se a mesma liberdade, eu não aceitei. Estava me acostumando a expressar minha opinião sobre o que eu queria e não queria, mas não percebi que, como resultado, fiquei abismada de minha irmã fazer o mesmo.

Um dia, quando minha resistência estava a todo vapor (embora eu não percebesse), minha irmã me disse, de forma clara, concisa e gentil: "Olha, se você pode ter limites, eu também posso". Naquele momento eu percebi que, sim, por mais desconfortável que me sentisse no começo, isso era justo e verdadeiro. É preciso um nível de maturidade emocional para permitir-se dizer "não", mas apoiar o direito de outra pessoa fazê-lo requer um conjunto de habilidades totalmente novas que você pode aprender ao longo do caminho.

Se você ficar desconcertado com os limites de outra pessoa, aproveite esse momento de pausa sagrada e examine seus pensamentos. Você está pensando que essa pessoa está sendo difícil, irracional ou egoísta? Se os papéis fossem invertidos, isso ainda seria verdade? Ou pode ser que ela esteja simplesmente cuidando de si mesma? Se você espera que as outras pessoas compreendam os seus limites, também espere isso de si mesmo.

Conclusões

- A resistência aos seus limites não indica que você esteja fazendo alguma coisa errada;
- É importante permanecer firme nos seus limites. A maioria das pessoas acabará por aceitá-los;
- Se você for estabelecer limites, garanta que ficará bem quando as outras pessoas estabelecerem os delas.

Sugestão para o diário: estou preocupado em aborrecer quem com meus limites? O que direi a mim mesmo se isso acontecer?

capítulo vinte e um

COMO LIDAR COM PESSOAS DIFÍCEIS E TER RELACIONAMENTOS MELHORES

Quer um assunto para refletir por alguns minutos?

A maioria das pessoas que está em relacionamentos difíceis não acham que eles próprios são difíceis. A maioria acredita que é a outra pessoa que está sendo egoísta, difícil, desrespeitosa, controladora ou exigente. Mas como assim? Como duas pessoas no mesmo relacionamento podem acreditar que estão certas e que é a outra pessoa que está errada? Posso explicar. Cada ser humano no planeta está andando por aí com suas próprias opiniões de como as pessoas deveriam e não deveriam ser. Cada um de nós tem o seu próprio livro de regras.

O livro de regras

Conscientemente ou não, todos nós temos opiniões firmes sobre como as coisas *deveriam* ser, como as outras pessoas *deveriam* ser, como a vida *deveria* ser e como o mundo *deveria* ser. Temos opiniões sobre o que uma boa pessoa faz, o que significa demonstrar respeito pelos outros e quando se deve retribuir um favor. Temos até regras quanto a níveis razoáveis de limpeza doméstica e quanto tempo é muito para esperar pela resposta a uma mensagem de texto. Também agimos como se nossas regras pessoais não fossem meras opiniões, mas expectativas óbvias baseadas em fatos que todos conhecem. Portanto, quando uma pessoa não as atende, ela está infringindo as regras. Na realidade, porém, elas não estão quebrando *as* regras; elas estão quebrando *as nossas* regras.

É aqui que começa o problema. Imaginamos que todo mundo têm o mesmo livro de regras e fazemos julgamentos com base no nosso exemplar. Interagimos uns com os outros como se todos vissem o mundo da mesma forma que nós. Mas as pessoas têm seu próprio livro de regras, muitos dos quais são muito diferentes do nosso. Mesmo aquelas mais próximas de nós podem ter regras muito diferentes sobre como viver e como *os outros* devem viver.

Quando algumas das nossas regras coincidem com as de outros livros de regras, achamos que devemos estar certos. Mas algumas não se coincidem, o que nos leva de volta à estaca zero, onde não há um conjunto de regras para seguirmos. Se você está questionando a audácia de uma pessoa em uma determinada situação, é menos provável que ela seja realmente uma pessoa horrível, e mais que ela esteja, de fato, apenas seguindo as regras dela, e não as suas.

Seus pais autoritários não acham que estão sendo autoritários; eles acreditam que estão tentando impedir que você cometa um erro. Sua sogra que dá conselhos não solicitados não acha que está exagerando; ela acha que está dando dicas fantásticas de quem tem anos de experiência. Seus irmãos cabeças-duras não acham que estão criticando suas escolhas; eles acham que sabem o que é melhor para você e estão tentando forçar — quer dizer, *compartilhar de graça* o conhecimento com você. Seu chefe, que só sabe apontar seus erros, não acha que está desmoralizando você; ele acha que está fazendo observações construtivas e que você não precisa ficar bravinho com um feedback negativo. E sua colega de trabalho intrometida não acha que está bisbilhotando; ela acha perfeitamente razoável saber o que acontece com todo mundo no escritório. Estão todos jogando de acordo com suas próprias regras, e você também.

Você não precisa concordar e nem mesmo gostar das regras dessas pessoas, mas por isso a empatia é importante. Se você conseguir entender que, enquanto elas estão quebrando as suas regras, estão respeitando totalmente as próprias regras. Isso pode evitar que você fique tão ofendido ou chateado, principalmente quando está aplicando todas as suas outras ferramentas.

Por que as pessoas são difíceis?

A maioria das pessoas não é difícil de propósito. Na verdade, elas nem acham que estão sendo difíceis. Elas acreditam que são pessoas comuns, racionais e razoáveis porque estão agindo de acordo com o que seu livro de regras define como comportamento comum, racional e razoável. Aqui está a verdade ainda mais difícil: achamos as pessoas difíceis não por causa do que estão fazendo, mas por causa (surpresa!) de nossos pensamentos sobre o que estão fazendo. Para nós, é óbvio, não está certo, mas para elas, provavelmente, está tudo bem.

Por exemplo, seu parceiro pode ter uma definição completamente diferente da palavra *bagunçado* no livro de regras dele. Se ele costuma deixar meias sujas no meio do tapete ou deixar louça na pia de noite, você pode achar que ele está sendo preguiçoso ou desrespeitoso. No cérebro dele, onde está o livro de regras, meias no chão e pratos sujos não são computados como problemas. De acordo com as regras dele, ele cuidará das meias e do monte de pratos sujos em algum momento, o que é aceitável. No entanto, talvez de acordo com suas regras, a casa deve estar arrumada antes de a cabeça repousar no travesseiro todas as noites.

E isso não leva a um enigma. Para você, ele está sendo preguiçoso e irresponsável. Para ele, você está sendo rígido e exigente. Nesses momentos podemos nos esquecer de que raramente as pessoas estão fazendo alguma coisa contra nós; em geral, elas estão fazendo coisas para si mesmas de acordo com o que faz sentido para elas. Há uma grande diferença entre os dois.

> ### Exercício: minhas regras/suas regras
>
> Quero que pense em cinco regras do seu livro que são diferentes daquelas de um ente querido — pode ser seu parceiro, seu pai, seu irmão, seu filho adulto ou um amigo próximo. Talvez seja mais útil se você considerar uma pessoa com quem tem problemas de relacionamento. Depois de considerar as regras que são diferentes entre os dois livros, pergunte a si mesmo o que mudaria se você pudesse ver essas diferenças não como más, terríveis ou erradas, mas simplesmente como atitudes baseadas em outras regras pessoais que não as suas.

Talvez nem seja preciso dizer, mas direi apenas por precaução: isso não significa que você deve desculpar ou tolerar comportamentos abusivos ou prejudiciais. Esse conceito é mais bem aplicado a situações em que acreditamos que alguém está agindo de uma maneira que, com base nos nossos pensamentos, consideramos difícil. Comportamento prejudicial e abusivo, quer seja ou não aceitável no livro de regras de alguém, não é um mal-entendido desculpável e nem uma questão de ponto de vista.

Eu não entendo as regras deles

Às vezes, seremos capazes de entender as regras de alguém e aceitá-las em uma boa. Meu marido deixa a louça empilhada ao lado da pia para que possa lavar vários itens de uma vez com eficiência. Mesmo que isso me irrite, porque odeio louça suja no balcão, eu entendo que lavar um garfo de cada vez é pouco eficiente. Entendo a regra dele e convivo com ela, mesmo que não me agrade.

E há algumas regras que nunca entenderemos totalmente.

Há alguns anos, fiz uma amizade profunda e rápida. Sabe aquele tipo de amigo que você acabou de encontrar e sente que se conhecem desde sempre? Éramos nós. Nós nos conhecemos em um workshop e desde o momento em que nos apresentamos, não conseguimos parar de conversar. Passamos a maior parte do workshop juntas e, depois de voltarmos para nossas respectivas casas, continuamos a fortalecer nossa amizade. Eu a adorava. Nós nos entendíamos bem e nos admirávamos bastante. Bem daquele jeito "eu não sei explicar, mas parece diferente dos meus outros amigos".

Um dia, saímos para tomar um café, pouco mais de um ano depois de nos conhecermos. Estávamos tendo uma ótima conversa sobre aprender a acreditar em nós mesmas quando, de repente (pelo menos para mim), ela me perguntou quanto tempo eu passei trabalhando na minha "mentalidade financeira". Eu fiquei perplexa. Essa pergunta parecia ter surgido do nada.

Depois de um momento quebrando a cabeça em busca de seminários anteriores a respeito de mentalidade financeira de que tinha participado (que, até o momento, eram zero), admiti que, como proprietária de uma empresa, não passei muito tempo trabalhando na minha mentalidade financeira. Ela respondeu em um tom meio acusatório, meio raivoso, que eu estava sendo uma empresária irresponsável e egoísta por não priorizar essa área.

Eu não entendi o que estava acontecendo. Como nossa conversa passou de aprender a confiar em quem somos para a falência inevitável do meu negócio só porque eu não estava recitando mantras para a abundância?

A conversa foi morrendo porque, honestamente, eu nem sabia o que era mentalidade financeira naquela época. Cada uma de nós seguiu seu caminho. E aquela foi a última vez que vi essa amiga de quem me aproximei tanto em tão pouco tempo. Tivemos duas ou três conversas telefônicas abruptas e desconfortáveis depois daquele dia, e nada mais desde então.

Passei muito tempo me perguntando o que eu tinha feito de errado que a aborrecera tanto. Durante um tempo, levei para o lado pessoal, pensando no que poderia ter feito para que ela me tratasse daquele jeito. Mas eu não tinha feito nada de errado. Em algum lugar do livro de regras delas, provavelmente havia algo do tipo: "Se uma pessoa faz algo que você considera irresponsável (ou qualquer outra forma como ela tenha descrito o que aconteceu), não há problema em criticá-la e terminar a relação de vocês".

Quer eu goste ou não da regra dela, concorde ou não com ela, no fim das contas, a regra é dela. Sim, eu poderia ter entrado em contato para descobrir por que ela acabou ficando tão irritada comigo a respeito de algo que eu achava tão trivial, mas decidi não fazê-lo. Porque, de acordo com meu próprio livro de regras, explosões de raiva sem qualquer explicação e tentativas de reconciliação são indelicadas e desrespeitosas. E esse não é o tipo de amizade que eu queria manter.

Entender que você tem suas regras e as outras pessoas têm as delas é útil, principalmente se você estiver tentando levar menos as coisas para o lado pessoal. Isso reforça a ideia de que as pessoas não estão contra nós, mas agindo por si mesmas. Meu marido não estava deixando a louça na pia por ser difícil, preguiçoso ou contrário às minhas regras de limpeza — mesmo que fosse, ainda não seria um ataque contra mim —, ele estava apenas seguindo sua regra, que diz: "Espere para lavar a louça até que haja louça o suficiente para valer a pena lavar". E minha ex-amiga não estava me criticando porque eu tinha feito algo objetivamente errado, mas apenas algo relacionado ao que constava do seu livro de regras. Eu nunca vou saber.

Não podemos fazer as pessoas seguirem nossas regras, assim como as outras pessoas não podem nos obrigar a seguir as delas. Podemos fazer um pedido de alteração de regras, como por exemplo: "Se a porta do meu escritório estiver fechada, por favor, entre apenas se for urgente" ou "Por favor, não grite ou me ofenda durante uma discussão. Isso não é certo para mim". A outra parte pode ou não cumprir.

E se o seu pedido for recusado, você decide se aceita a resistência em seguir sua regra, se negocia até encontrar um meio-termo ou se estabelece um limite.

Conclusões

- Cada ser humano tem seu próprio conjunto de regras acerca de quais comportamentos, escolhas ou formas de existir no mundo são razoáveis e aceitáveis;
- Julgamos as pessoas como "difíceis" quando muitas vezes elas estão apenas se comportando de uma maneira que não está de acordo com nossas crenças e nossos desejos (ou seja, nosso livro de regras);
- O livro de regras das outras pessoas nos ajuda a entender que elas estão agindo *para* elas mesmas, e não *contra* nós.

Sugestão para o diário: quais regras de uma pessoa querida eu posso aceitar, mesmo que não goste delas?

capítulo vinte e dois

PARE DE PENSAR DEMAIS

E se eu atrapalhar a reunião amanhã? E se eu não conseguir acordar quando o despertador tocar logo cedo? E se eu não tiver tempo de terminar a tarefa que foi solicitada? E se eu for demitido? E se meu parceiro me deixar?

Por que minha amiga ainda não me respondeu? Ela está brava comigo? E se meu time perder? E se eu esquecer de entregar esses formulários?

Por que eu fiz isso? O que eles queriam dizer com isso? Por que eu disse aquilo? O que eles estão pensando de mim agora? Por que eu tive que passar por isso?

Pensar demais no futuro, pensar demais no passado, estressar-se com o estresse, deixar o pecado atormentá-lo e se preocupar com cada vislumbre de possibilidade com certeza prejudica a vida, não é? Ficamos obcecados com os "talvez", os "quem sabe" e os "por acaso". Nós repassamos as confusões do passado em um turbilhão na nossa mente.

E aqui está a verdadeira pergunta: por quê? Por que ocupamos tanto espaço no nosso cérebro com o que não aconteceu, provavelmente não acontecerá ou já foi?

Torre de controle

Falamos muito sobre a obsessão limítrofe do cérebro humano por controle, e sabemos que não é à toa. O cérebro pensa que quanto mais controle tiver, menos vulnerável ficará. É uma boa ideia, principalmente porque o trabalho principal do seu cérebro é mantê-lo vivo pelo maior tempo possível. Quanto mais controle ele tiver, mais vivo você ficará. Soa razoável.

O problema está realmente na nossa estratégia de pensar demais sobre todos os resultados possíveis (leia-se: terríveis) quando eles não são uma ameaça real à nossa existência. Estressar-se demais com a apresentação de dez minutos agendada para quinta-feira, quando ainda é segunda-feira de manhã, o que afeta sua capacidade de concentração ao longo de toda a semana, não é um uso eficiente do tempo. Quer você arrase, faça uma apresentação razoável ou faça a maior asneira, não é uma questão de vida ou morte. Claro, você quer ir bem. Se você dedicar um tempo razoável a se preparar, provavelmente vá bem. E mesmo que seja uma droga, você pode considerar como uma lição para a próxima vez.

Para muita gente, os pensamentos estressantes que tiram o sono não dizem respeito a se você terá ou não comida suficiente ou água potável — embora eu reconheça que para algumas pessoas essas preocupações sejam muito reais. No entanto, estou supondo que para a maioria daqueles que compraram ou pegaram emprestado este livro, os pensamentos que tiram seu sono são a respeito de alguma coisa que não saiu exatamente como você queria, o medo de algo fútil que você esquecerá na próxima semana ou a respeito do que alguém inconsequente pensa de você. Apesar de algumas dessas circunstâncias poderem causar inconvenientes, desconfortos ou decisões difíceis, elas não são ameaças reais. Se esse for o seu caso, vamos para a parte de cavar fundo e fazer algo sobre esses pensamentos repletos de preocupação.

Existe uma diferença entre o planejado e preparado e o paranoico e perfeccionista. Pare e pense nisso. Você sabe com o que está realmente estressado e preocupado? Muitas vezes experimentamos sentimentos genéricos de pavor quanto ao que pode acontecer se as coisas em geral não saírem conforme o planejado, e não se trata de nada específico. Em que se baseia o seu medo real? Quando seu cérebro for sequestrado pela preocupação, dedique alguns instantes a observar mais de perto aquilo com que você está realmente preocupado, para que possa decidir se vale a pena o nível de energia que você está gastando.

O cérebro humano ama — AMA — um cenário assustador: *E se? E se x acontecer? E se eles pensarem x? E se x não acontecer? E se eu estragar x? E se eu não tiver nada para mostrar a x?* E esse é o meu espanto. Quando foi a última vez que você respondeu ao temido *E se?*

Quer dizer, e se x de fato acontecer? E se não acontecer? E se eles pensarem x? E se x no final for y? Responda, o que você vai fazer? Como você vai lidar com isso? Como você vai passar por isso? Aquela perguntinha chata perde o poder rapidamente quando você a responde e vai até o final. Talvez nem sempre você goste da resposta, mas se colocar tudo para fora e depois pensar em como você vai lidar com o resultado do seu *E se*, não será tão assustador.

E se eu fizer a apresentação e ela for ruim? Bem, você provavelmente daria um passo para trás, olharia para ela, refletiria sobre por que não funcionou, faria mais pesquisas, reuniria mais informações e montaria algo mais interessante, porque agora você sabe o que não dá certo.

E se eu for à festa e me sentir estranho e deslocado, e não tiver ninguém para conversar quando chegar lá? Não sei. Você poderia atacar a comida, encher seu prato com aperitivos e, em seguida, escanear discretamente a sala em busca de outra alma estranha que esteja esperando para ser resgatada da situação de não saber o que fazer consigo mesma.

Pense na sua própria vida. A respeito do que você se pega pensando demais? Trabalho? Sucesso? Dinheiro? Dinâmica familiar? Relacionamentos? Amizades? Outra coisa? Seja o que for, dê uma olhada nos seus *E se* e encontre respostas para eles. Tenha curiosidade para saber qual é o resultado que você teme e planeje como você vai lidar com ele caso aconteça. O que você vai fazer? O que você pode aprender? Como você vai passar por essa situação?

Pensando demais sobre o passado

Além das preocupações com os *E se*, também gastamos muita energia remoendo o passado. Nós nos debruçamos sobre o que aconteceu ou não, nos preocupamos com o que dissemos ou deixamos de dizer e nos estressamos com a maneira como as coisas deveriam ou poderiam ter sido. Você já se perguntou por quê? Ou questionou a razão pela qual seu cérebro repete coisas que já não pode fazer nada para mudar? Claro, podemos aprender com as experiências do passado, para saber o que funciona e o que não. Mas essa prática realmente requer uma grande dedicação de energia emocional? Eu digo que, provavelmente, não.

Se você é uma pessoa reflexiva, o que eu acho que é, já que decidiu ler este livro, provavelmente sabe o que deveria ter feito de diferente na primeira ou na segunda repetição de qualquer evento que seu cérebro não quer esquecer. Você não precisa se torturar com mais quinhentos replays. Você entendeu, sabe o que precisa fazer de diferente, e realmente não precisa mais se afligir.

Então, se você está lutando para liberar o que aconteceu no fim de semana passado ou há vinte anos, aqui estão três perguntas que você pode querer fazer a si mesmo. Elas talvez proporcionem apenas um pouco mais de clareza, um pouco mais de cura e, espero, um pouco mais de alívio:

1. *O que estou fazendo isso significar para mim agora?*

Com frequência ficamos presos a nossas escolhas e experiências durante anos, o que nos compele a fazer uma pergunta mais profunda: o que isso significa para mim neste momento? Então, pergunte a si mesmo: "O que estou fazendo *x* significar para mim *agora*?". Depois de responder, faça esta outra pergunta: "O que estou dizendo é útil ou verdadeiro?". E então vá direto aos seus pensamentos e pergunte a si mesmo se quer continuar tendo-os. Se não quiser, tente trazer e acreditar em outros. Somos capazes de escolher o que pensamos sobre nós mesmos a cada momento. Você pode usar seu passado para se punir e ficar preso, ou pode decidir o que quer pensar neste momento, independentemente do que aconteceu no dia anterior (ou dias atrás). Não se trata de deixar o cérebro pensar apenas em arco-íris, sol e unicórnios. Também não é uma adesão limitada apenas ao pensamento positivo; trata-se de pensamento responsável.

2. *Preciso me estressar ou me preocupar demais com isso?*

Primeira pergunta: se você pode fazer alguma coisa a respeito disso, por que se preocupar?

Segunda pergunta: se você não pode fazer nada a respeito disso, por que se preocupar?

A preocupação costuma ser um hábito que nosso cérebro internalizou depois de anos de preocupação. Faça uma pausa e dedique um momento a sintonizar sua consciência e se perguntar se x é alguma coisa com a qual você precisa mesmo se preocupar. Se o seu cérebro responder com um sonoro "sim", vá para a próxima pergunta.

3. *Preocupar-se com isso vai ajudar?*

Você tem formas melhores de gastar seu tempo do que se estressando com o que não pode mudar no passado e o que pode acontecer no futuro (e provavelmente não acontecerá). Seja lá com que aspecto do futuro esteja se preocupando, lembre-se de que você tem inteligência e recursos para lidar com isso. Você tem uma vida para viver e amor para dar — e não me diga que "pensar demais" está na sua lista das cinco prioridades.

Exercício: saindo da sua mente

Quando você está com a cabeça cheia e as emoções estão em alta, fazer algo físico pode ser fundamental para liberar a tensão. Leia a lista a seguir e escolha três estratégias que você gostaria de tentar na próxima vez que precisar sair da sua mente, entrar no seu corpo e encontrar alívio.

Vinte maneiras saudáveis de sair da mente e entrar no corpo

1. Ouça músicas inspiradoras;
2. Faça uma caminhada;
3. Tome um banho;
4. Pratique a respiração profunda;
5. Medite;
6. Alongue-se;
7. Dance;
8. Cante ou toque um instrumento musical;
9. Abrace alguém que você ama;
10. Crie arte;
11. Saia e movimente seu corpo;
12. Faça uma festa e dance assistindo a um vídeo do YouTube na sua sala;
13. Inspire alguns óleos essenciais calmantes;
14. Vá a um parque;
15. Passe tempo com seu animal de estimação;
16. Faça um exercício de relaxamento guiado;
17. Dedique-se à jardinagem;
18. Passe um tempo na natureza;
19. Pratique um esporte;
20. Faça uma massagem.

Congelamento de decisão

Ao tomarmos alguma decisão em nossa vida, também tendemos a pensar demais. Que coisa idiota! Estou falando de decisões tão triviais quanto: "O que devo comer no jantar de hoje?"; e tão monumentais quanto: "Será que agora é o momento certo para mudar o rumo da minha carreira?".

Nem sempre há respostas claras ou corretas para todas as decisões e todos os dilemas que enfrentamos, mas qualquer que seja a decisão que tome, você ou conseguirá o resultado que queria ou terá a oportunidade de descobrir alguma coisa.

Sendo realista, muitas vezes você não saberá o que vai acontecer até depois de tomar a decisão. Se você conseguir o resultado que queria, olhará para trás e ficará feliz por ter tomado a decisão "certa". Se o resultado não for o que queria, você poderá se arrepender de sua escolha, mas ainda terá algo a aprender com ela. Não há necessidade de se culpar por alguma coisa que nunca foi garantida. O futuro nunca é certo, nem está totalmente sob nosso controle. Você vai enlouquecer se esperar ter controle, porque isso nunca vai acontecer. Você também pode simplesmente escolher o que comer no jantar. As chances de se arrepender disso são relativamente baixas.

Na verdade, a maioria das decisões que enfrentamos não é uma questão de vida ou morte, e mesmo a decisão "errada" não é, em geral, tão prejudicial. Ficamos presos no ciclo de indecisão porque nos preocupamos em errar, embora, na maioria das vezes, não haja problema nisso. Nenhum problema. Se acredita que, não importa o que aconteça, você vai descobrir alguma coisa, o antídoto para o medo se fará acessível para você.

Lembra-se do exercício *E se*? Faça-o de novo, mas com as suas decisões. Caso se permita fazer escolhas em vez de ficar parado, você aprenderá muito mais com as decisões que não foram certas do que com aquelas que nem tomou. Por mais atrasado que nosso cérebro pareça, nós, seres humanos, somos criaturas resilientes. Quando somos derrubados, nos levantamos e descobrimos como seguir em frente.

Eu ficava apavorada com a possibilidade de tomar a decisão "errada", mesmo que fosse minúscula, a ponto de jantar fora se tornar um pesadelo. Eu teria que ler o cardápio inteiro várias vezes, limitar minha escolha a três opções e perguntar ao garçom qual eu deveria escolher. E, para dizer a verdade, eu costumava mudar minha escolha pelo menos uma vez depois de já ter feito o pedido. Ridículo, não é?

Deixando de lado o macarrão e o peixe, tive que aprender a tomar decisões sem me estressar e pensar demais nelas durante dias, ou até mesmo semanas, antes e depois. E sabe de uma coisa? Tomei muitas decisões erradas. E sabe o que mais? Fiz muito bem.

Aprendi muito com cada escolha errada que fiz. Aprendi fatos sobre mim, sobre a vida e tudo mais. Aprendi a administrar um negócio on-line; aprendi o que funciona e o que não funciona. Eu achava que tinha tomado a decisão errada ao esperar alguns anos antes de começar a pós-graduação. E, embora eu fosse alguns anos mais velha do que a maioria dos outros futuros conselheiros da minha classe, se não tivesse esperado, talvez não estivesse onde estou, fazendo um trabalho que vai além dos meus sonhos mais loucos. Aprendi que o arrependimento não serve para ninguém, e não importa onde eu esteja e as escolhas que tenha feito, sempre posso escolher como pensar sobre elas.

Não estou sugerindo que você tome decisões ruins intencionalmente, mas se perdoe se você tomar uma decisão "errada" sem querer. Você tem ideia de como é difícil arruinar sua vida? É muito mais difícil do que o seu cérebro quer que você acredite. Lamentar que você deixou o risoto queimar na panela não levará a um trauma duradouro. Pensar demais pode ser uma resposta compreensível às incertezas e às vulnerabilidades da vida, mas não é útil. Examine seus pensamentos, classifique-os e, na próxima parada, abandone os que não servem. Faça alguma coisa. Cometa um erro. Você vai entendê-lo, continuar caminhando e crescendo.

Conclusões

- Grande parte do nosso excesso de pensamento e análise refere-se a controle. Lembre-se de que a ilusão do controle nos detém;
- A tomada de decisões fica presa às nossas tentativas de controlar os resultados, de estar "certos" e de evitar o fracasso. Tome a melhor decisão que puder no momento e confie em sua capacidade de lidar com o resultado que vier;

- A confiança é o antídoto para o excesso de análise. Confie que você será capaz para lidar com o que quer que aconteça.

Sugestão para o diário: como minha vida seria diferente se eu acalmasse minha mente hiperativa?

capítulo vinte e três

AUTOSSABOTAGEM E PROCRASTINAÇÃO

Você quer alguma coisa e começa a trabalhar para isso, e de repente, quase do nada, tudo desmorona. Mas não é tão "do nada" assim. Você fez ou deixou de fazer algo de forma ativa para se impedir de conseguir o que queria. Em algum momento, seu cérebro teve outro pensamento sobre se você merecia o que queria, ou se conseguisse, se seria capaz de mantê-lo, então ele o impediu de obter aquilo em primeiro lugar.

E como estão suas metas de saúde, está conseguindo alcançá-las? Você está estudando para conseguir aquela promoção na carreira? E sobre as brigas inúteis que você tem tido com seu parceiro? Já se inscreveu para as aulas de ukulele? Sejamos honestos. Se você tem grandes desejos, mas continua adiando a iniciativa, deixando as coisas para o último minuto, se distraindo e se comprometendo apenas com a inconsistência, esteja consciente disso ou não, você está se autossabotando. Você quer alguma coisa boa, mas continua impedindo que ela aconteça. Você procrastina, adia, evita ou protela. Por que está fazendo isso (especialmente se não tinha ideia de que isso estava acontecendo)? Aqui estão cinco razões comuns de as pessoas se impedirem de obter o que querem ou manterem o que tanto queriam e conquistaram:

1. O que você quer não está alinhado com o que acredita que merece

Quando as suas ações e os seus desejos não estão alinhados com o que você acredita que merece, algo parece estar errado... porque realmente está. Você está vivenciando uma falta de congruência entre o que acha que pode ter e o que está fazendo. Se não está consciente disso ou não tinha essa intenção, o seu cérebro rebelde não vai mudar automaticamente esses pensamentos para você. "Sim, eu posso!" não é bem o estilo do seu cérebro. Em vez disso, ele estimulará todos os pensamentos do tipo "Não, eu não posso" que puder. Seu cérebro não quer avançar; ele quer mantê-lo exatamente onde você está.

Aposto que você tem algumas crenças bastante sólidas de seu valor em relação à vida que deseja. Muitas vezes você pode começar com força e se sentir animado, energizado e motivado a fazer o que deseja acontecer.

Mas então, quase do nada, você começa a adiar, procrastinar e escolher de propósito o caminho para desfazer tudo. Manter-se no caminho para conquistar seus objetivos será um desafio; trabalhe nesses pensamentos.

2. Indo além do teto

Talvez você não ache que é totalmente indigno do que deseja, mas talvez acredite que só merece uma parte. Essa ideia é recorrente nas mensagens sociais, políticas e familiares que contribuem para nossas crenças a respeito do que podemos experimentar. É difícil. Todos nós temos ideias quanto a que nível podemos chegar antes que os antigos alarmes de alinhamento comecem a soar e logo o tragam de volta ao nível que você acha que lhe é permitido.

Pense um pouco nas seguintes perguntas: qual é o grau de felicidade que você está autorizado a ter? Quanto sucesso é preciso para ser muito bem-sucedido? Quantas realizações você pode alcançar antes que sejam excessivas? Quanto é muita vitalidade? As respostas são tão profundas quanto a sua identidade e estão entrelaçadas nela. Se você crescer além do teto, suas crenças de quem você é e e do que tem permissão para fazer vão fazê-lo se sentir terrível. Se forem deixadas de lado, essas questão vão fazê-lo retroceder. Não as ignore.

3. Prevenção da vulnerabilidade

Ser vulnerável pode parecer terrível. É como estar diante de uma multidão completamente nu e totalmente exposto. Embora seja apenas um corpo humano — como o que todo ser humano tem —, posso apostar que só de pensar nessa situação você fica envergonhado. Quando está vulnerável, você está exposto; é visto como é. Você está, literalmente, despojado de proteção, ficando aberto para todo tipo de escrutínio.

Tentar coisas novas, correr riscos (dentro do razoável), ir atrás do que quer quando o resultado é incerto, dar espaço para o fracasso e abrir-se para julgamentos são coisas, de fato, assustadoras. O resultado não está nas suas mãos, e se as coisas não acontecerem do jeito que você espera, será terrível. A maneira do nosso cérebro contornar essa possibilidade é simplesmente não fazer nada. Mesmo que ficar onde está não seja o que você quer, seu cérebro o convenceu de que isso é melhor do que um fracasso retumbante. Seu cérebro está errado.

4. Síndrome do impostor

Em alguns dias sinto que estou entusiasmadíssima, e em outros sinto que estou prostrada. Alguns dias atrás, postei em uma comunidade de outros empresários uma pergunta sobre se mais alguém se sentia desse jeito, e a resposta foi "sim!". Não importava quanto aqueles empresários eram bem-sucedidos, inteligentes ou qualificados. O consenso foi que a maioria das pessoas se perguntava se merecia ter o amor, o sucesso, a autoridade ou o papel de liderança que têm pelo menos em parte do tempo. E quando a dúvida é forte, também é o medo de ser um impostor.

Você já pensou: *Eu não sou digno disso*; ou *Eu não mereço isso*; ou *Eu devo ter chegado aqui por acaso*, ou *É apenas uma questão de tempo até que as pessoas percebam que eu sou uma fraude?* Em caso positivo, é provável que você acredite ser um impostor. Talvez esteja passando por isso agora. Esses pensamentos entram às escondidas na sua mente e o impedem de assumir os seus dons por completo. Eles tentam impedir você de seguir em frente porque, bem, é apenas uma questão de tempo até que você seja descoberto, certo? Não. Você consegue fazer isso.

5. Proteção do ego

A quinta maneira pela qual você pode estar se sabotando remonta à parte 2, quando falamos sobre evitar o fracasso. Você se lembra do que aprendemos? É apenas um evento neutro e, quando pensamos de forma neutra, o que aconteceu é que apenas não conseguimos alcançar o que nos propusemos a alcançar. Nosso ego (leia-se: o cérebro) intervém e faz com que você se sinta inferior ou indigno. Ninguém realmente quer sentir isso, então seu cérebro não quer que você nem se incomode em tentar. Mas tente.

Exercício: faça acontecer

Mentalize alguma coisa que você realmente queira na sua vida. Pode ser um bom relacionamento, uma promoção ou saúde. Pode ser um curso que deseja concluir, um formulário de inscrição que ainda não enviou ou um novo hobby que quer experimentar. Pode ser algo que você tentou anteriormente ou um sonho que sempre esteve fora de alcance.

Use seu diário para explorar as razões que seu cérebro está usando para impedir ou distrair você. Em seguida, explore os pensamentos que deseja fomentar intencional-mente — aqueles que vão gerar os sentimentos e comportamentos que o levarão em direção ao seu objetivo. Anote todos e mantenha-os por perto.

Comparação

Você teve um ótimo dia — talvez tenha terminado um projeto e esteja gostando dos elogios ou tenha batido um recorde pessoal na esteira e esteja se sentindo ótimo — e então vê nas redes sociais que outras pessoas fizeram algo melhor do que você? Elas correram mais rápido e foram mais longe. Elas estão no auge da parentalidade, do casamento, das habilidades culinárias ou da empresa. E agora você se sente um lixo. A comparação é uma das formas mais comuns de autossabotagem.

As informações sobre o sucesso de outra pessoa acabam com sua alegria e com seus belos sentimentos de realização em dois segundos. Você estava se divertindo muito e se sentindo bem, mas ouvir sobre a realização de outra pessoa mudou toda a sua perspectiva. Algo (ou seja, seus pensamentos e suas crenças a respeito do que essa informação significa) roubou seu prazer de ter realizado algo. Como de costume, trata-se de um trabalho interno. Você perdeu a confiança nos seus pensamentos. Aquela pessoa estava apenas fazendo a parte dela. Ninguém pode tirar seu prazer com suas conquistas —, só você pode permitir isso.

Comparar-nos com os outros nos mantém estagnados, e nosso cérebro, que está tentando nos manter no lugar, gosta disso. Quando foi a última vez que você se comparou a alguém para motivar-se a fazer uma mudança significativa em longo prazo na sua vida? Desejar ter o corpo em forma ou a carreira de alguém o levou a agir para conquistar o mesmo? Provavelmente não. Não é assim que a comparação costuma funcionar, não é? Muitas vezes, quando nos comparamos com os outros, usamos a energia emocional para nos sentir mal, e então não temos combustível para ir a outro lugar além da geladeira... ou, talvez, do bar.

A verdade é: o que outra pessoa tem, é ou faz simplesmente não representa uma ameaça para você. O que outra pessoa tem ou é não tira nada de você. Você conhece a frase: "Tem bolo para todo mundo"? Estamos todos na nossa própria jornada, fazendo nossas coisas, sendo responsáveis pelas nossa própria vida e nossas próprias escolhas. Alguém ser mais organizado do que você, ter um negócio mais bem-sucedido do que o seu, ter um emprego ou um casamento melhor do que o seu, ou ser um pai mais presente do que você não tira nada do que você pode criar, de quanto pode crescer e do que pode fazer. Eles não têm nada a ver com você. E, na verdade, o que outra pessoa está fazendo, o sucesso que ela tem, o crescimento que ela está vivenciando ou a vida aparentemente organizada que está levando não são da sua conta, e essas coisas só podem tirar a sua felicidade se você achar que elas têm esse poder. Você não tem ideia de por que alguém tem o que tem ou como conseguiu o que tem. Você não sabe de onde eles começaram, quanto trabalharam ou quanto apoio tiveram ao longo do caminho. E não precisa saber. Você só precisa se concentrar em você, no que quer e no que vai fazer para conseguir o que deseja.

Ser guiado pelo medo

O medo é útil quando o impede de fazer algo que coloque sua vida em risco, mas nem tanto se ele o impede de fazer alguma coisa importante. Alguns verões atrás, eu estava passando as férias perto de um lago com minha família. Uma noite, minha irmã e eu decidimos dar um passeio. E enquanto caminhávamos pela estrada tranquila, ladeada por uma floresta exuberante e densa, olhamos para frente e vimos três objetos pretos e felpudos se mexendo na vala. Percebemos quase ao mesmo tempo que aquelas bolas de pelo preto eram uma mãe ursa e seus dois filhotes, olhamos uma para a outra e imediatamente demos meia-volta, como se tivéssemos acabado nosso passeio. Não estávamos em perigo imediato, mas meu coração ficou disparado durante toda a caminhada de volta para a cabana, enquanto eu me virava a cada três segundos para ter certeza de que a família de ursos continuava longe de nós.

O medo que nós duas sentimos naquele momento foi extremamente útil. Ele nos fez decidir rapidamente dar meia-volta e escapar logo daquela situação de perigo. Infelizmente, a maior parte do nosso instinto de medo não está sendo usada para nos impedir de morrer; mas para nos impedir de viver. Usamos o medo para nos impedir de viver das formas que poderiam ser as mais importantes. Falar não é perigoso. Abrir o negócio dos seus sonhos não é perigoso. Pedir por uma promoção não é perigoso. Conversar sobre nossas vulnerabilidades não é perigoso. Dizer "não" não é perigoso. Ser você mesmo, com ou sem a aprovação dos outros, não é perigoso.

Em que situação da sua vida você deixou o medo falar mais alto? Quando você desistiu de voltar para a escola para obter aquele diploma porque era tarde demais para começar uma nova carreira? Quando desistiu de abrir um negócio porque seus amigos iam pensar que era burrice? Quando desistiu de convidar aquela pessoa para sair porque ela podia dizer não? Quando desistiu de dizer "eu te amo" para uma pessoa porque ela podia não retribuir? Quando desistiu de compartilhar sua ideia porque o Dave, da contabilidade, podia dizer que era bobagem? Quando desistiu de dizer ao tio Jim que comentários racistas não eram bem-vindos na sua casa porque ele ficaria envergonhado?

Pergunte a si mesmo: alguma dessas ameaças é real? Para o meu ego, talvez. Para a minha vida? Não. Você é o ser consciente responsável pelas suas próprias escolhas; o medo não merece o privilégio de paralisá-lo. Sim, o medo pode caminhar ao seu lado, mas ele não pode dizer para onde você vai. Não há problema em fazer as coisas com medo — essa pode ser a única maneira de agir.

Não é preciso coragem para fazer coisas fáceis. Você não precisa ser corajoso para pegar um copo de água, a menos que haja carvão em brasa cobrindo o chão da cozinha. Ser corajoso envolve um nível de risco. Caso contrário, você está apenas fazendo algo comum. E se você está sempre fazendo coisas comuns, provavelmente está perdendo as experiências humanas mais ricas e gratificantes que estão disponíveis para você.

Grande parte do que você tem é resultado de como você tem participado de sua vida (ou não). Para obter resultados, é necessário agir. As atitudes que você tomar criarão os resultados. O seu comportamento é determinado por seus sentimentos. E seus sentimentos são gerados pelos seus pensamentos.

Eu não vou lhe dizer, a partir do meu privilégio de ser branca, canadense, instruída, da classe média, que você pode sempre controlar as suas circunstâncias. Eu direi, no entanto, que você sempre tem escolhas dentro delas. E para fazer escolhas diferentes, você tem que se sentir diferente. Para se sentir diferente, você tem que pensar diferente.

E lembre-se: seus pensamentos sempre dependem de você.

Conclusões

- Aumentar sua autoestima neutraliza imediatamente grande parte dos seus comportamentos de autossabotagem. Se você acredita que merece uma vida melhor, poderá dar os passos para chegar lá;

- A comparação está sob nosso controle; é algo que fazemos para nós mesmos. A vida não é um jogo de soma zero. O sucesso de alguém não tira o seu sucesso, a menos que você permita;

- A origem dos nossos comportamentos de autossabotagem é nossa autoestima e o desejo de nos protegermos de emoções e pensamentos desconfortáveis. Precisamos ser fortes e confiar na nossa capacidade de mirar alto e lidar com quaisquer possíveis consequências.

Sugestão para o diário: onde a autossabotagem aparece mais na minha vida? O que posso fazer para revertê-la?

VOCÊ ESTÁ PRONTO PARA ASSUMIR O CONTROLE DE SUA VIDA?

Lembra-se dos pensamentos e sentimentos de Heather acerca da tendência da mãe de fazer comentários sobre seu cuidado materno? Lembra-se de quando surtei porque a falta de resposta do meu amigo significava que eu não era querida, então me senti ainda mais sozinha? Lembra-se de quantas emoções podem surgir com base apenas em como você encara qualquer situação? Lembra-se do modelo FICRE?

Agora você pode ver com clareza a interconexão entre suas emoções, seus pensamentos, suas reações e seus efeitos. Se você quer um resultado diferente, escolha uma reação diferente; se quer tomar uma atitude diferente, precisa se sentir diferente; e se quer se sentir diferente, você tem que assumir as rédeas e guiar seu cérebro para um pensamento diferente.

Depois de mergulhar fundo em tantas emoções, pensamentos e comportamentos que os seres humanos vivenciam sem realmente entender o porquê, um mundo totalmente novo de autocompreensão foi aberto para você. Talvez esteja se sentindo aliviado. Talvez seu cérebro perfeccionista esteja lhe dizendo para entender o que é isso antes de tentar. Talvez você precise de tempo para refletir e digerir tudo.

Há uma coisa que eu quero que você tenha em mente, já que investiu em si próprio página após página: não faça esse trabalho para se tornar uma pessoa melhor. Você não precisa. Você não é uma pessoa que precisa ser "melhor". Você é uma pessoa com altos e baixos, com pontos fortes e aspectos em que precisa crescer, assim como todas as outras. O seu trabalho não é se tornar melhor; é se sentir melhor e viver melhor não porque você precisa, mas porque quer.

Se deseja incorporar e assimilar o que aprendeu neste livro, ótimo! Você se sentirá melhor, gostará mais dos outros, gostará mais de si mesmo e aproveitará melhor o seu tempo curto neste planeta. Se não quiser, ótimo também! Você não é obrigado. Você tem permissão para não se sentir melhor, e isso não faz de você uma pessoa pior ou inferior. Se decidir levar este trabalho a sério e implementar pelo menos metade do que aprendeu aqui, você vai organizar sua mente e mudar sua vida.

Alguém me perguntou, certa vez, como saber quando estamos no controle de nossas vidas, então quero ter certeza de que você fique atento aos sinais de que está no caminho certo.

Primeiro, você será capaz de responder em vez de reagir a situações, conversas e interações desencadeadas anteriormente. Quando algo o aborrecer ou desencadear uma resposta emocional, você conseguirá parar alguns segundos, recuar, respirar, investigar seus pensamentos e, finalmente, entender as histórias que está contando para si mesmo. E somente quando essas questões estiverem mais claras, você responderá de maneira madura, responsável e respeitosa. Isso significa que está usando o método de parar, respirar, sintonizar o que está sentindo, observar seus pensamentos e planejar como quer prosseguir, que é um divisor de águas.

Segundo, permitirá que outras pessoas não gostem de você, não o aprovem e não concordem com você. Você não tenta fazer com que as pessoas o aceitem porque aceita a si mesmo. Uma das razões pelas quais acreditamos que precisamos que os *outros* gostem de quem somos é porque achamos que isso significa que assim *nós* podemos gostar de quem somos. Mas se você se valoriza, não precisa de opiniões positivas e nem de aprovação para estar bem consigo mesmo. Você também não precisa de uma casa perfeita/um emprego/um parceiro perfeito ou de popularidade. Você não precisa agradar às pessoas e nem fingir ser outra pessoa.

Terceiro, você sabe que nada é pessoal. Um bom sinal de que você está avançando é quando entende que as pessoas não fazem coisas contra você; elas estão apenas fazendo coisas para si mesmas. Você sabe que as outras pessoas não estão tentando deixá-lo infeliz ou querendo prejudicá-lo. Você sabe que a maioria dos seus sentimentos difíceis estão sendo criados pelos seus próprios pensamentos.

Quarto, você sabe quando reconhecer que está sendo pouco gentil consigo mesmo. Um grande sinal de progresso é quando você é capaz de parar com as autocríticas que estão prestes a oprimi-lo e prestar atenção àquilo que o seu monólogo interior está dizendo. Você vê com clareza quando sua mente está saindo de controle, pensando que o fracasso faz parte da sua identidade, e é capaz de trocar essas palavras desagradáveis por outras mais gentis.

Quinto, você reconhece o medo como ele é e pode ver com mais clareza o que seu cérebro primitivo está fazendo. Você recebe um e-mail estressante e sente sua respiração ficar ofegante, seu coração acelerar e suas mãos ficarem úmidas. Você percebe isso e rapidamente se lembra de que seu viés de negatividade está lidando com essa situação como uma ameaça à sua vida. Você sabe que ela não é uma ameaça, então faz uma pausa e se lembra de que você é o responsável pela sua vida e pode conduzi-la como quiser.

Grande parte do que você tem na sua vida foi criada pelas suas próprias escolhas, e agora você sabe o que é preciso para mudar. Então, não tente evitar emoções difíceis e seguir o caminho mais fácil. Mas também vá com calma. Tenha paciência.

Enquanto você faz o seu trabalho, o autocuidado e a autocompaixão são muito importantes. Saber como me valorizo e como me sinto não depende do que as outras pessoas pensam de mim; depende do que eu penso de mim. E quero que faça o mesmo. Pense em como você chegou até aqui em vez de pensar que ainda falta tanto. Tenha orgulho de si mesmo. Reconheça os passos que deu, as mudanças que fez e o crescimento que alcançou. Você nem sempre consegue ver seu crescimento dia após dia, mas ao se comparar com sua versão de algumas semanas ou meses atrás, você verá. O cérebro humano gosta de olhar para a frente, prever armadilhas e se preocupar com o que está por vir. É seu trabalho fazer sua massa cinzenta olhar no espelho retrovisor para ver onde você estava, apreciar onde está e ficar animado com a direção em que está indo.

Preste atenção ao seu verdadeiro eu — o eu sob todo o prazer, aperfeiçoamento, desempenho, esforço, justificativa e defesa. O eu que é livre para pensar, sentir e ser quem ele, ela ou eles quiserem ser. Observe-o. Dedique atenção a ele. Conecte-se com ele. Escute-o. Ignore o bando de críticos que tentarão tirá-lo do caminho. Eles não tomarão decisões no seu lugar.

Todos nós queremos que alguém nos diga que há outra maneira, uma maneira mais fácil — uma em que podemos sentar no sofá e assistir à Netflix enquanto nossa vida, nossos relacionamentos, nossos objetivos e nossos sonhos se concretizam. Se eu pudesse mostrar a você essa maneira, eu mostraria. Se houvesse uma maneira fácil de escapar do trabalho, acredite em mim, eu diria. Até que o caminho mais fácil seja descoberto, saiba que estou nas trincheiras com você todos os dias, trabalhando no meu verdadeiro eu, tentando pensar e sentir com autenticidade, enquanto continuo criando a vida que realmente quero.

Vamos trabalhar juntos à medida que mergulhamos no nosso poder de reprogramar o nosso pensamento e de mudar a nossa realidade. Vamos assumir nosso cérebro primitivo e seu impulso de nos deter e nos manter confortáveis no nosso desconforto. Não vamos fugir de aceitar nossos padrões de pensamento ou comportamentos habituais antigos, ensinados, inúteis e insalubres. Vamos criar o que queremos para nós mesmos, para nossa vida, nossos relacionamentos, nossos objetivos e nossos sonhos. Somos corajosos, honestos e vulneráveis. Faremos o trabalho. Porque quando trabalha para criar a vida que deseja, você vai poder olhar para trás e se orgulhar do trabalho que fez e de como chegou longe. E acredite, você chegou longe.

Tudo pode ser tirado de um homem, exceto uma coisa: a última das liberdades humanas — escolher sua atitude em qualquer conjunto de circunstâncias, escolher seu próprio caminho.

— Viktor Frankl, sobrevivente do Holocausto

Primeira edição (abril/2023)
Papel de miolo Luxcream 60g
Tipografia Acumin, Andada e Dharma Gothic
Gráfica LIS